THE VISIONARY NEGOTIATOR

THE VISIONARY NEGOTIATOR

probleemoplossend onderhandelen reële oplossingen

oog voor gemeenschappelijke belangen

S. Ramkhelawan

Schrijver: S. Ramkhelawan

Coverontwerp: Createspace

ISBN: 1532788088

Eerste druk © 2016 S. Ramkhelawan

Geachte lezer

Denk elke dag aan de onderstaande zin en begin geen dag
zonder doel

**Doelen beinvloeden uw brein positief en verschaffen u
energie en ideeën om die te bereiken**

S. Ramkhelawan, 16 februari 2016

Dit boek draag ik op aan mijn zoon Ben, mijn kleine held in veel opzichten. Ik hoop dat ik hem door dit boek te schrijven heb laten zien, hoe je een goed intermediair kunt zijn en dat het een goed handboek voor hem zal zijn op het moment dat hij het nodig acht

In deze uitgave reik ik u ideeën en inzichten aan die u (mogelijk) al kent. Ze zijn toe te passen op zowel micro-, meso-, als macro-niveau. U kunt het toepassen in uw zakelijk en uw privé-leven; of het om uw financiën gaat of uw gezondheid, om maar wat te noemen. Immers, u wilt verantwoordelijk zijn voor de kaders in uw leven. U wilt niet overgeleverd zijn aan de beslissingen en besluiten van anderen.

Voorwoord

The Visionary Negotiator

Er zijn vele boeken geschreven over onderhandelen, probleemoplossen, gesprekstechnieken, etcetera, met verschillende uiteenzettingen. De meeste boeken zijn geschreven "door en voor" academici of consultants. Met dit boek wil ik het onderwerp bereikbaar maken voor iedereen.

Dit praktisch boek kunt u direct toepassen in diverse gesprekssituaties en onderhandelingen. Hierbij merk ik wel op dat u de vaardigheid die u met dit boek wenst te bereiken (of het resultaat dat u wilt) alleen kunt bereiken als u het regelmatig leest en toepast. Een voorbeeld is, dat u na het behalen van uw rijbewijs alleen een goede bestuurder wordt, door u regelmatig met uw voertuig in verschillende verkeersomstandigheden te begeven.

Ons brein is tot veel in staat, doch de effecten en de resultaten van ons denken zijn afhankelijk van wat u erin stopt. Het is net een akker waar u oogst wat u zaait. Probleemoplossen is een van de essentiële vaardigheden in het leven. Onderhandelen is een bepaald type gedrag, dat u zich alleen eigen kunt maken door te oefenen in de praktijk.

Het is de bedoeling dat de lezer de inhoud van dit boek doorneemt en er zelf, op een creatieve manier, werkbare samenvattingen van maakt. Alleen op deze manier en door het boek steeds te herlezen, neemt men de inhoud ervan door. Ook wil ik de lezer prikkelen om zelf op onderzoek uit te gaan. Zoek mensen op die ook vaardig zijn in het onderhandelen, wissel van gedachten met ze. Hierdoor ontstaat er een gecontroleerd na-denken.

In al de jaren dat ik onderhandelingen heb meegemaakt heb ik nooit gemerkt dat integere mensen hun doelen en overeenkomsten bereikt hebben door "tricks" en "tactieken." In de echte wereld gaan de onderhandelingen fair, direct, oprecht en waardig. U hoeft echt geen doortrapte methoden toe te passen of moeilijk te zijn om succesvol te zijn. Als de andere partij dat door heeft, zal hij er niet toegeeflijker op worden.

Heden ten dage zijn medische check-ups gewoon geworden. Onderwerp uzelf aan een "onderhandelings-check" zodat u kunt anticiperen op onverwachte ontwikkelingen of omstandigheden.

Succes, in welk opzicht dan ook, laat sporen na! Volg die!

Hoofdstuk 1

ONDERHANDELEN   blz. 13

Hoofdstuk 2   (2 t/m 18) paginanummer zelf invullen

COMMUNICATIE

Hoofdstuk 3

ESSENTIËLE VRAGEN. DEZE VRAGEN KUNT U
BEANTWOORDEN OM UW PRODUCTIVITEIT VAST
TE STELLEN

Hoofdstuk 4

CREATIVITEIT

Hoofdstuk 5

GEBRUIK DE VOLGENDE WOORDEN IN UW
OVERWEGINGEN

Hoofdstuk 6

MODEL BEHANDELING VAN EEN KWESTIE

Hoofdstuk 1

ONDERHANDELEN

A. Onderhandelen is een gebeuren waarbij de volgende zaken essentieel zijn:

- Twee of meer partijen hebben zowel gemeenschappelijke- als tegengestelde belangen

- Ze komen tijdelijk en vrijwillig bij elkaar om voorstellen te doen en te bespreken

- Men wil overeenstemming bereiken over hoe middelen verdeeld worden of hoe immateriële situaties opgelost moeten worden

Alle voorstellen zijn onderhandelbaar. Voorstellen worden gedaan op basis van een te verwachten resultaat. Die kunnen hernieuwd aangeboden worden, aangepast- of opnieuw vastgesteld worden. U moet vragen stellen om succesvol te kunnen onderhandelen. Vraag om wat u wilt.

Vraag het direct, vraag het eerlijk, vraag het op welke manier dan ook maar blijf vragen. Vraag om een betere overeenkomst; vraag om een beter voorstel. Vraag "waarom" of "waarom niet." Vraag gerust en laat de nee maar komen. U kunt altijd opnieuw vragen.

Soms zult u iets niet willen vragen vanwege een aanname of vanwege de verwachting dat u toch nee op uw request krijgt, maar als u het voorzichtig vraagt zult u merken dat de ander bereid is om het aan u te geven.

Op dat moment denkt u: "Ik had beter meer kunnen vragen."

Wie heeft de onjuiste aanname in dit geval?

B. Doel van een onderhandeling is om een overeenkomst te bereiken, waarbij alle partijen tevreden zijn.

Een goede overeenkomst is er één waarbij beide partijen na de onderhandeling of overleg het gevoel hebben dat ze hiermee meer in handen hebben dan toen ze begonnen.

Wij vragen niet vanwege ons moverende redenen of om de vrees afgewezen te worden. Wees niet bang voor een nee. Het gebeurt maar al te vaak dat mensen onbevredigende resultaten krijgen omdat men gewoon niet vraagt. Vat een nee niet persoonlijk op.

Bij een goede overeenkomst hebben beide partijen hun doelen bereikt met als gevolg, dat men bereid is om ook in de toekomst onderhandelingen te voeren.

Een slechte overeenkomst is er één waarbij de partijen zich op zijn minst onbehaaglijk voelen en mogelijk allerlei wegen zullen zoeken om zich aan hun toezeggingen en of afspraken te onttrekken.

Bij goede overeenkomsten is juist het tegendeel het geval. Men blikt terug op een vruchtbare onderhandelingsperiode met excellente resultaten; partijen zijn bereid om 'con amore' aan de slag te gaan.

Zie onderhandelingen als een middel om relaties aan te gaan.

Pas uw criteria niet aan zonder erover nagedacht te hebben als de onderhandelingen (te) lang duren. Het gebruik van bepaalde positieve woorden is bepalend voor de overeenkomst. Wees voorbereid op zogenaamde harde onderhandelaars. Die houden zich bij hun standpunt in de verwachting dat de andere partij uitwijkt.

C. Onderhandelingsmethoden

Er zijn diverse onderhandelingsmethoden met evenveel uitkomsten of resultaten.

Ik reik u er enkele aan.

1. De methode Winnaar- Verliezer.

Als er twee partijen zijn A en B, dan wint A en is B de verliezer. Het hoeft geen betoog er dat bij dit soort onderhandelingen geen vervolg- of aanvullende onderhandelingen nodig zijn.

2. De Verliezer - Winnaar.

Dit is het tegengestelde van methode 1. Bij deze methode zijn er eveneens twee partijen A en B. A verliest en B wint. B heeft zijn doelen bereikt en A niet. B hoeft zich niet op de borst te kloppen. A zal bij de volgende onderhandelingen het onderste uit de kan willen hebben.

3. De Verliezers.

Bij deze methode heb je alleen maar verliezers. Niemand bereikt zijn doelen en niemand is tevreden. Dit houdt in dat er een overeenkomst op tafel ligt waar niemand tevreden mee is. Er is sprake van onmin, gemis, ruzie, betweterij, gelijk willen hebben en krijgen, etceterea. Het kan ook een glijdende schaal zijn waarbij door onachtzaamheid ogenschijnlijk kleine verschillen ontaarden in onoverbrugbare tegenstellingen. Denk aan emotionele betrokkenheid van de partijen waardoor men niet meer in staat is om zaken los van eigen inzichten te beoordelen.

4. Het Compromis Model.

Bij een compromis worden voorstellen, standpunten en eisen van de partijen gedeeltelijk ingewilligd. Partieel is het resultaat bevredigend en partieel onbevredigend. Dit is het beste van de slechte overeenkomsten. Er is zoveel water bij de wijn gedaan dat er sprake is noch van wijn noch van water. Het water is geen water meer en de wijn geen wijn.

5. No Deal oftewel geen overeenkomst

Vergeet niet: liever geen overeenkomst dan een slecht resultaat.

De standpunten van de partijen liggen zo ver uit elkaar dat het in alle redelijkheid niet lukt om tot een overeenkomst te komen.

6. De Win-Win methode

De partijen komen met voor hun bevredigende resultaten tot een overeenkomst.

Beide partijen claimen "winst." Door voorzichtig manoeuvreren, uitruil van concessies en het over en weer doen van concessies wordt een excellente overeenkomst bereikt. Er heerst alom tevredenheid en men is graag bereid de overeenkomst 'con amore' uit te voeren en zich er mee te committeren. De basis voor toekomstige onderhandelingen is bij deze gelegd.

Bij win-win onderhandelingen kijkt men los van de standpunten waarmee men de onderhandelingen is ingegaan naar een (tussen)overeenkomst om aan de belangen van beide partijen tegemoet te komen. Beide partijen gaan met sterke percepties en standpunten de onderhandelingen in en komen na beraad met een "afwijkende" overeenkomst waar ze toch tevreden mee zijn.

Een onderhandeling begint men met serieuze ideeën en vastgestelde belangen.

D. Het voornaamste element in een onderhandeling is macht. Hoe meer macht u in een onderhandeling heeft, hoe groter de kans dat u met een voor u bevredigend resultaat komt. Macht is voor een deel ook ingegeven door perceptie.

Als u gelooft dat de ander meer macht heeft en u handelt er naar of u onderneemt niet een poging om die te testen of te betwisten, krijgt de andere partij de overhand, waardoor u met een slecht resultaat komt te zitten, terwijl dat niet hoeft.

Als de andere partij beseft dat u hem machtiger inschat zal hij dat zeker uitbuiten.

Instrumenten om uw overwicht of "macht" te vergroten

1. Overwicht kunt u creëren door schaarste of door een unieke situatie. Als u het beeld kunt creëren dat datgene wat u heeft schaars of uniek is, verstevigt dat uw onderhandelingspositie.

2. Een andere vorm van overwicht scheppen is u onverschillig opstellen. Het maakt u niet uit of de andere partij met u onderhandelt of van u koopt. Zeker als de andere partij graag zaken met u wil doen. Het hebben van opties schept ook macht en vrijheid. U bent net zo vrij of uw macht is net zo groot als uw opties.

3. Autoriteit schept ook overwicht nl. als u in de positie bent om een beslissing te nemen die de ander een voordeel kan opleveren. Moed nl. bereid zijn om weg te gaan of het afblazen van een onderhandeling draagt bij aan de vergroting van uw macht. De bereidheid om een sterke positie in te nemen in een onderhandeling, de bereidheid om acceptabele of beheersbare risico's te nemen versterkt uw positie in de ogen van de andere partij.

4. Een ander overwichtsinstrument is uw toewijding om alles wat in uw vermogen ligt in te zetten om een goed resultaat te bewerkstelligen.

5. Deskundigheid. Een belangrijk overwichtsinstrument. In een onderhandeling is degene die de meeste kennis van zaken heeft of die met de grootste expertise kan demonstreren over 'waarom' en 'hoe' iets zou moeten gaan machtiger. Zeker als het om ingewikkelde kwesties of complexe produkten gaat is degene die de meeste deskundigheid heeft de machtsfactor.

6. Kennis van de behoeften en de noden van de ander verschaft ook overwicht. In veel onderhandelingen komt men via goed luisteren, de juiste vragen stellen, en goed observeren achter de onderliggende behoeften van de ander.

Wat denkt u ervan als tijdens de onderhandeling blijkt dat de verkoper grote financiële problemen heeft en hij zo snel als mogelijk zijn onderneming van de hand wil doen?

7. Empathie is ook een overwichtsinstrument. Toon empathie door met uw kennis, kunde, vaardigheid, wijsheid en ervaring u in te leven in de gevoelens en omstandigheden van de ander. De andere partij krijgt hierdoor een beeld van u dat u begaan bent met de ander en dat u een goede overeenkomst wilt. Empathie moet oprecht en eerlijk zijn. Men sluit liever overeenkomsten met mensen die men mag dan met mensen die onwelgevallig zijn.

8. Maak gebruik van de zg. beperkte bevoegdheid.
Het bezitten van een beperkte bevoegdheid in onderhandelingen kan soms een voordeel zijn. De onderhandelde punten moeten nog eens bekeken en goedgekeurd worden door iemand met meer bevoegdheid; hierdoor heeft u langer de tijd. Denk aan meer mogelijkheden om te onderhandelen met de achterban en uw eisen en wensen nog eens tegen het licht te houden. Naast de tijdwinst blijft ook uw reputatie als onderhandelaar ongeschonden. Mocht het voorstel het niet halen, dan bent u zelf niet verantwoordelijk. De uiteindelijk verantwoordelijke heeft het laatste woord en is aansprakelijk. Denk aan vertraging uit berekening! De ander kan dat toepassen.

9. De positie om te belonen en die om te sanctioneren. Als u in de positie bent om de ander met een overeenkomst of anderszins te belonen is deze eerder bereid om zaken met u te doen. Bent u in staat iemand financieel te sanctioneren door het onthouden van een beloning, premie, etceterea, dan geldt dat evenzo.

10. Macht over investeringen in tijd en geld. Dit heeft betrekking op de tijd en de moeite die u en de ander in de onderhandelingen hebben gestoken.

Heeft u 5 minuten in de onderhandelingen gestoken dan is dat te verwaarlozen. Als de ander er echt weken, maanden of zelfs een jaar geinvesteerd heeft, heeft u meer macht. Als de ander extensief marktonderzoek heeft gedaan en veel heeft geïnvesteerd in de voorbereiding van onderhandelingen geeft dat u grote macht.

11. Om meer macht uit te stralen neemt men soms een deskundige mee om de vragen te beantwoorden. Dit komt bij de ander over dat deze partij goed voorbereid te werk gaat.

12. Dan is er tijd en timing. Dat betekent de tijd nemen om te onderhandelen en (timing) het geschikte moment afwachten om een concessie of een positief resultaat in de wacht te slepen. Met de tijd nemen bedoel ik dat, als u snel een resultaat wilt, u uw onderhandelingspositie kunt ondergraven. Het gevolg is een slecht resultaat. Zoals een gulzige haai een graat in de keel overhoudt.

E. Naast de hierboven genoemde instrumenten reik ik u een aantal overwegingen aan over hoe informatie aan de andere partij te verstrekken. Door zo te handelen bereikt u twee doelen:

1. De andere partij wordt ontvankelijk(er) voor uw standpunten en eisen. Hierdoor nemen de uwe in kracht toe.

2. De andere partij beseft dat er minder te "halen" valt hetgeen tot gevolg heeft, dat hij zijn standpunten en eisen naar beneden bijstelt.

a. Wijs op de gemeenschappelijke belangen. De projectleider tegen de uitvoerder: "Als u die.....en.....die....eisen handhaaft wordt de begroting nog hoger. Ik acht de kans groot dat het project helemaal niet doorgaat. Dat willen we toch niet?"

b. Benadruk een eerdere concessie om een concessie terug te krijgen. U kunt het als volgt brengen: "Wij zijn coöperatief geweest, hebben dit en dat voor u gedaan en alles wat we nu willen is uw instemming in de volgende zaken............"

c. Verstrek de andere partij informatie over hoe een bepaald project of voorstel bij een andere organisatie heeft gewerkt. Bijvoorbeeld: "U wilt deze verandering?" In al de organisaties die dit geïmplementeerd hebben is de beslissing weer ongedaan gemaakt."

d. Reik argumenten aan door te refereren aan een hoger algemeen belang. Bijvoorbeeld: "Die wijzigingen moeten echt uitgevoerd worden. Wij worden steeds afgerekend op efficiëntie en effectiviteit. Deze kostenpost moet omlaag. Dat is de essentie." Een kanttekening die ik hierbij maak is dat u niet met gemakkelijk weerlegbare zwakke of onjuiste argumenten moet komen, die uw positie juist verzwakken. Het aantal argumenten (veel of weinig) en de vasthoudendheid waarmee u die naar voren brengt vergroten uw slagkracht. Gaat u vooral spaarzaam met uw argumenten om en verspeel niet direct al uw munitie.

e. Behoedzaam vragen beantwoorden:
- Krijgt u meerdere vragen tegelijk, beantwoord de minst lastige het eerst.
- Diskwalificeer de ander niet met uw antwoord.
- Geef niet meer toe dan u van plan bent. Een voorbeeld is: "Ik wil met alle genoegen herhalen wat ik net zei...................."
- Reageer verontwaardigd of negeer vragen die uw integriteit in twijfel trekken.

f. Deadlines.
Een deadline opleggen heeft als doel om iets af te dwingen. Het is bijzonder effectief als u de druk op de andere partij wilt verhogen. Maar wees er bedacht op dat een deadline ook

voor uzelf kan gelden. In de hoofdstukken 2 en 9 vindt u meer aansluitingspunten hier over.

Aansluitend wil ik het hebben over zelfoverschatting.

U heeft te maken met zelfoverschatting als u de vragen 1 en 2 met ja kunt beantwoorden en de vragen 3 en 4 met nee kunt beantwoorden:

1. U kunt het omschrijven als een onrealistisch positief beeld hebben over uzelf of over uw prestaties. Heeft u dat?

2. Het hebben van het idee dat u gebeurtenissen naar uw hand kunnen zetten. Is dat bij u het geval?

3. Zijn we in staat te bedenken op hoeveel manieren we het mis kunnen hebben of ernaast kunnen zitten?

4. Zijn we in staat onze beslissingen uit het verleden objectief te beoordelen?

Waarom onderhandelt iemand met u?

Niemand zal echt met u willen onderhandelen, tenzij hij overtuigd is van het onderstaande:

- Dat u de "macht" heeft om ze te helpen

- Dat u de "macht" heeft om hun iets te laten verkrijgen

- Dat u de "macht" heeft om sancties toe te passen

- Dat u de "macht" heeft om hen op de een of andere manier hun doelen te helpen verwezenlijken.

Bedwing uw emoties

Hoe meer u in staat bent uw enthousiasme en uw emoties in een onderhandeling te bedwingen, hoe beter de resultaten zullen zijn.

- Een emotie is hebzucht. Hebzucht leidt tot slechte resultaten en mogelijk tot faillissement.

- De volgende is angst. Laat u uw denkproces niet beïnvloeden door angst. Angst is een slechte raadgever.

- De laatste is aggressie.

Onderhandelaars die manipuleren maken handig gebruik van de emoties hebzucht, angst en aggressie omdat ze de ander kwetsbaar maken.

In zulk gemoedstoestand is helder denken vrijwel onmogelijk. Een ander zeer belangrijk punt is verlangen.

Een ander zeer belangrijk punt is verlangen. Vraag uzelf af:
"Hoe graag wil ik deze overeenkomst." Aantekeningen

_____

_____

_____

_____

_____

_____

_____

Hoe duidelijker u uit dat u iets graag wilt hebben, hoe meer dit uw "macht", ten nadele van u zal beinvloeden. Als de ander erachter komt hoe graag u iets wilt hebben zal hij ook het maximale van u eisen.

Denk aan Het Slechtste Uitkomst Scenario (SUS). Bereid u op de SUS voor. Hoofdstuk 11 Beslis-methodes.

Als u iets niet bereikt is er geen man over boord, er komen meerdere kansen en mogelijkheden. Vraag uzelf altijd af: "Kan ik ermee leven als ik dit niet bereik of als ik geen overeenkomst bereik?"

Dan is er tijd en timing. Dat betekent de tijd nemen om te onderhandelen en (timing) het geschikte moment afwachten om een concessie of een positief resultaat in de wacht te slepen. Met de tijd nemen bedoel ik dat, als u snel een resultaat wilt, u uw onderhandelingspositie kunt ondergraven. Het gevolg is een slecht resultaat. Zoals een gulzige haai een graat in de keel overhoudt.

Als u bijvoorbeeld aannemelijk kunt maken dat er meer kapers op de kust zijn, schept u daarmee schaarste en urgentie. Uw onderhandelingspositie wordt beter. Dan heeft u vertraging en impasse. Soms kan het een bewuste tactiek van de ander en soms kan het afwijzing zijn.

Vertraging uit berekening past men toe met de gedachte, hoe langer de ik wacht, hoe sneller hij tot een accoord zal overgaan.

Herkent u deze tactiek benoem ze en antwoord als volgt:

"Ik merk dat uw agenda niet veel ruimte laat voor onderhandelingen. Daar ik er geen oneigenlijk gebruik van wil maken wacht ik tot u zover bent. Wilt u mij dan berichten?"

Vaak worden de doorbraken in een onderhandeling in de laatste fase bereikt. Hier geldt ook de 20/80 regel, dat de laatste 20% van de onderhandelingen 80% van het resultaat oplevert en de eerste 80% van de onderhandelingen 20% (van het resultaat oplevert). Het gebeurt zelden dat men al in het begin van de onderhandelingen een doorbraak heeft.

Opties of alternatieve oplossingen geven de vrijheid en tevens macht om beter te onderhandelen. Opties zijn gelijk aan vrijheid. U bent net zo vrij als de door u ontwikkelde opties. Als u naar een onderhandeling gaat met één optie, staat u al gauw met uw rug tegen de muur. Heeft u meerdere opties dan heeft u een (enorm) potentieel waarmee u en de resultaten kunt verbeteren en een hefboomeffect kunt creëren.

Doe uw onderzoek, verzamel informatie en beoordeel hoe u hetzelfde resultaat op een andere manier kunt verkrijgen.

Bijvoorbeeld:

Waar kunt u het produkt ook kopen en tegen welke prijs?

Wat zijn de leverdata?

Wat is een vergelijkbare kwaliteit, etcetera?

Zorg dat als u de onderhandeling begint niet met uw rug tegen de muur staat.

Weet u wat u wilt?

Er zijn onderhandelaars die een onderhandeling aanvangen zonder te weten wat ze willen tot ze daar zijn. Sommigen presteren het om in de taxi of in hun voertuig te bedenken wat ze willen. Dan zijn ze er rijkelijk laat mee. Om te weten wat u wilt, moet u vooruit denken. Denk net zo lang tot het kristal helder is wat u wilt. Denk op papier en schrijf zaken op. Zo krijgt u een visueel beeld van wat u wilt. Beschrijf de ideale overeenkomst of resultaat. Denk er grondig over na.

Bespreek het met een terzake deskundige, een collega, etcetera.

Wat willen we met deze onderhandeling bereiken?

Blijf deze vraag stellen en stellen.

Het betekent niet dat het ideale resultaat om niet (zonder concessies) bereikt wordt, maar op een manier bereikt wordt waarbij uw belangen met het oog op de ideale overeenkomst behartigd worden.

Is er een ideale overeenkomst waar u tevreden mee kunt zijn?

Aantekeningen

_____

_____

_____

_____

_____

_____

Werkt u ook met de volgende scenario's?
- Het optimistische scenario (het beste)
- Het acceptabele- of compromis scenario (acceptabel)
- De worst case of het pessimistische scenario (slecht)

Optimisten gaan ervan uit dat alles mee zit. Zij maximaliseren alle mogelijke gunstige ontwikkelingen. Maar zo gaat het in de praktijk niet. Dingen vallen tegen, niet alles lukt meteen.

Waar begint u in een onderhandeling?

In een onderhandeling begint u iets boven optimistische scenario. U zult vaker meemaken dat door zo te beginnen u het beste uit de onderhandeling haalt. Denk ook aan wat het beste is wat u in redelijkheid kunt vragen.

Wat is acceptabel en wat is het minste dat u kunt vragen. Degene die goed voorbereid is en weet wat hij wil heeft een enorme voorsprong ten opzichte van degene die niet weet wat hij wil.

Heeft u zich weleens de volgende vraag gesteld?
<u>Wat doet men met een generaal die oorlogen verliest?</u>

Goede voorbereiding is het halve werk, zoals een goede diagnose de helft van de genezing is.

Uw succes in de onderhandelingen wordt in grote mate bepaald door uw voorbereiding.

Aantekeningen

Waar gaat u over spreken?

Aantekeningen

_____

_____

_____

_____

_____

_____

Wat is het doel van de onderhandelingen?

Aantekeningen

_____

_____

_____

_____

_____

_____

Wat bespreekt u wel tijdens de onderhandelingen?

Aantekeningen

_____

_____

_____

_____

_____

_____

Wat bespreekt u niet tijdens de onderhandelingen?

Aantekeningen

_____

_____

_____

_____

_____

_____

Wat wordt expliciet besproken?

Aantekeningen

_____

_____

_____

_____

_____

_____

Wat wordt impliciet (terloops of als onderdeel) in de onderhandelingen besproken?

Aantekeningen

_____

_____

_____

_____

_____

_____

_____

Wat wilt u bereiken?

Aantekeningen

_____

_____

_____

_____

_____

_____

Hoe duidelijker het voor u is wat u wilt, hoe beter u kunt
onderhandelen en des te beter de resultaten zullen zijn.

Aantekeningen

_____

_____

_____

_____

_____

_____

Welke zijn de punten waarover we van mening verschillen?

Aantekeningen

_____

_____

_____

_____

_____

_____

Welke zijn de punten waarover we direct moeten praten en oplossen voor we verder gaan?

Aantekeningen

_____

_____

_____

_____

_____

_____

_____

Bespreek elkaars standpunten

Er zijn onderhandelaars die zonder standpunten een onderhandeling ingaan. Bespreek wat uw vertrekpunt is, waar u naar toe wilt en hoeveel of hoe weinig u wilt accepteren.

Er zijn punten die besproken moeten worden, de zg. beperkende factoren. Vraag aan de ander wat zijn minimum of maximum voor een bepaald standpunt is. Natuurlijk zal de ander niet willen prijsgeven wat zijn minimum of maximum is. Stel u duidelijk en zakelijk op en probeer daar achter te komen.

Wat wilt u weggeven om uw belangrijkste punten binnen te halen?

Aantekeningen

_____

_____

_____

_____

_____

_____

Wat moet ik hebben?

Aantekeningen

Wat wil ik hebben?

Aantekeningen

_____

_____

_____

_____

_____

_____

Wat is fijn om te hebben?

Aantekeningen

_____

_____

_____

_____

_____

_____

_____

Wat moet ik inleveren om dit te bewerkstelligen?

Aantekeningen

_____

_____

_____

_____

_____

_____

_____

Concessies

Welke concessies moet ik doen om de diverse punten die ik gerealiseerd wil hebben binnen te halen? Geeft niet zomaar een concessie weg. Al kost een concessie u niets, het kan voor de ander belangrijk zijn. Deze kunt u gebruiken om voor u belangrijke punten binnen te halen. Denk na over de concessie die u weggeeft.

Leef u in de omstandigheden van de ander. Ga eens in zijn schoenen staan. Leef met uw kennis, kunde en vaardigheid in de gevoelens en omstandigheden van de ander. Probeer de onderhandelingen vanuit hun positie te voeren.

Ga ervan uit dat u een redelijke partner tegenover u hebt. Schrijf op wat de ander wil bereiken. Wees als het even kan voor in plaats van tegen in de onderhandelingen.

Advocaten benaderen een kwestie vanuit het standpunt van een andere advocaat voor ze hun zaak voorbereiden. Door deze benadering kunt u in één oogopslag zien, wat de punten van overeenstemming zijn, wat de strijdpunten en waar u het samen snel eens kunt worden.

Aannames. Aannames Controleren

Kan uw aanname verkeerd zijn uitgaande van hun aanname of omgekeerd?

Aantekeningen

_____

_____

_____

_____

_____

_____

Als dat zo is: Hoe gaat u de situatie veranderen?

Aantekeningen

Soms heeft u de aanname dat de ander geen overeenkomst met u wil sluiten. Mogelijk voert hij een proefonderhandeling of hij is aan het onderhandelen voor een ander. Wees er voorbereid op.

Wat zijn uw duidelijke aannames?

Aantekeningen

_____

_____

_____

_____

_____

Wat zijn uw latente aannames?

Aantekeningen

_____

_____

_____

_____

_____

_____

_____

Wat zijn de duidelijke aannames van de ander ?

Aantekeningen

_____

_____

_____

_____

_____

_____

Wat zijn de latente aannames van de ander?

Aantekeningen

_____

_____

_____

_____

_____

_____

_____

Aannames kunt u controleren door vragen te stellen waar u direct een antwoord op krijgt. Bijvoorbeeld: Hoe wilt u deze kwestie opgelost hebben?

Aantekeningen

Hoe stelt u het ideale resultaat van deze onderhandeling voor?

Aantekeningen

Hoop, verwachting en doelen

Vraag naar zijn hoop, verwachting en doelen. U krijgt op de een of andere manier antwoord. Vraag: "Als u mij precies meegeeft wat u wilt kan ik u ook openheid van zaken geven en vertellen wat ik precies wil."

Op die manier kunnen we snel tot zaken komen. "Parafraseer wat de ander zegt. Bijvoorbeeld: "Wat u zegt is dit. Is dit juist?" Of: "Wat u wilt bereiken is dit. Is dit juist?"

De 4 of 5 zaken in bijna elke onderhandeling

In elke onderhandeling zijn er bijna altijd 4 of 5 belangrijke zaken die besproken en gerealiseerd worden.

Er zullen veel van minder belang zijn. We beperken ons tot de belangrijkste. Het is uw taak om deze in de praktijk te ontrafelen.

Stel dat u een gebouw (woning) gaat kopen.

Welke zijn de zaken (in dit geval 4) die u gaat bespreken?

1. De prijs

2. De bouwaard en de afwerking met extra voorzieningen.

3. Wanneer u de woning kunt betrekken.

4. De financiering en wat wel en wat niet in de koopsom is inbegrepen.

Deze vier (soms vijf) zaken zijn consistent in elke te bedenken onderhandelingssituatie aanwezig. Pin me er niet op vast als er soms meer of minder zijn. Succesvolle onderhandelaars zien onderhandelen als een middel of een proces.

Aanpassen of............?

Onderhandelen is een proces van overeenkomsten sluiten waarbij ieder iets inlevert, aanpassen en omgaan met conflicterende belangen. Een goede onderhandelaar staat open voor zaken, hij is niet star. De slechte onderhandelaar is rigide en heeft geen open mind. Goede onderhandelaars zijn flexibel en zijn bereid om hun standpunt te heroverwegen. Ze laten een standpunt vallen als ze door nieuwe-, juiste- of betere informatie tot andere inzichten komen. Hun opstelling is coöperatief, creatief en oplossingsgericht. Last but not least ze zijn niet manipulatief.

Dan heeft u nog "tricks" en "taktieken." In al de jaren dat ik onderhandelingen heb meegemaakt heb ik nooit gemerkt dat integere mensen hun doelen bereikt hebben door "tricks" en andere "tactieken." Noch worden hierdoor goede overeenkomsten bereikt.

Er zijn boeken waarin tactieken beschreven zijn zoals, de goede en de slechte, psychologische invalshoeken, etcetera.

Speel geen film van één of ander stoere acteur na, het werkt niet in het echte leven.

In de echte wereld gaat de onderhandeling fair, direct, oprecht en waardig. U hoeft echt geen doortrapte methoden toe te passen of moeilijk te zijn om succesvol te zijn. Als de andere partij dat door heeft zal hij/zij er niet toegeeflijker op worden.

Locatie

Een ander niet onbelangrijk punt is: Waar gaat u onderhandelen?

Als het belangrijke onderhandelingen zijn kunt u het beste onderhandelen op uw eigen terrein (u heeft terreinvoordeel als u in uw eigen vertrouwde omgeving onderhandelt) of op neutraal terrein.

Onderhandelt u bij de ander dan bent u uit uw vertrouwde omgeving en heeft de ander terreinvoordeel. Te adviseren is ook eventuele informele contacten zoals een kopje koffie nuttigen op neutraal terrein te doen. Wees makkelijk in de omgang.

Wees aanspreekbaar. Vriendelijkheid kost niets. Wees empathisch. U zult als een aangename persoonlijkheid worden ervaren en hierdoor zullen de geesten open zijn. De ander zal ontvankelijk(er) zijn voor uw ideeën, voorstellen en opvattingen. Als u bereid bent de ander ook te geven wat die wil zullen ze u ook datgene gunnen wat u wilt. Dat is de wet van de wederkerigheid.

Waar gaat u zitten tijdens besprekingen?

Zit het liefst niet tegenover elkaar. Een positie ten opzichte van een hoek van 90 graden lijkt mij de beste optie. Of zit indien mogelijk om een ronde tafel. Waarom worden er in de wereld vaak rondetafelgesprekken gehouden? Vanwege het positieve psychologische effect op de deelnemers.

Zit zodanig dat u in een coöperatieve positie verkeert en niet in een bijzitterspositie. Hou rekening met uw lichaamstaal. Schaf een boek aan met instructies er over. Zit u bijvoorbeeld met gekruiste armen; dan geeft dit blijk van een gesloten houding. Houd u handen op tafel. Houd uw handen open als u praat. Rol niet met uw ogen als de andere iets prikkelends zegt. Deze zijn krachtige manieren om openheid, eerlijkheid, bereidheid en welwillendheid te etaleren.

Tenslotte wil ik timing noemen. Timing kunt onderscheiden in snel en langzaam. Beide hebben hun effect op het resultaat van de onderhandelingen. Met de tijd nemen bedoel ik dat, als u snel een resultaat wilt, u uw onderhandelingspositie kunt ondergraven.

Het gevolg is een slecht resultaat. Zoals een gulzige haai een graat in de keel overhoudt.

Is de omgeving gerieflijk?

Hoe comfortabel is de omgeving? Denk bijvoorbeeld aan verlichting, airconditioning, etcetera. Gaat u ook uitgerust de onderhandeling in? Het hoeft geen betoog dat u na 8 uur reizen niet aan een onderhandeling moet beginnen. Als u moe bent is de waarschijnlijkheid groot dat u mindere resultaten boekt.

Een positieve en geduldige houding draagt ook bij aan een goed onderhandelingsklimaat.

Goede onderhandelaars zijn geduldig, nemen de tijd en geven geen blijk van emoties behalve dat ze genegenheid, welwillendheud uitstralen, ondersteunend zijn, proberen de ander te begrijpen en zijn geconcentreerd bezig om een goede overeenkomst te bereiken.

Eigen gewin of niet?

Hoe meer u alleen op eigen voordeel uit bent, hoe minder u gerealiseerd zult krijgen. Hoe meer u werkt aan een overeenkomst op basis van wederzijds voordeel, hoe meer de ander bereid zal zijn om u van dienst te zijn. De beste manier om iets van anderen gedaan te krijgen is hun iets gunnen.

Als u dat doet zullen de anderen u ook helpen uw zaken gedaan te krijgen. Denk aan: De ene hand wast de andere. De wet van de wederkerigheid. Als u de onderhandeling aanvangt begin eerst de punten te behandelen met welke u allebei het eens zijn.

U zult merken dat hoever de standpunten ook uit elkaar liggen, er (veel) punten van overeenstemming zijn waar u het snel met elkaar over eens kunt worden. Als u dat heeft is er al een positieve sfeer: de ander is open, welwillend, inschikkelijk en de bereidheid om tot een acceptabele overeenkomst te komen is meer dan ooit groot.

Als u merkt dat de ander blijft vasthouden aan een bepaald standpunt, vraag om het even te laten rusten en er later op terug te komen. Laat het geen strijdpunt worden, ga er soepel mee om.

Hoe langer u blijft praten over een lastig punt, hoe groter de kans, dat emoties een rol spelen, die ook andere issues kunnen beïnvloeden.

Kom langzaam overeen en ga voor eerlijkheid. Als u zich coöperatief opstelt en de ander geeft wat hij wil kunt u op een later moment aankaarten dat u bereidheid hebt getoond om mee te werken. Noem de punten op en dan kunt u voor de voor u belangrijke punten om instemming vragen.

U kunt het als volgt brengen: "Wij zijn coöperatief geweest, hebben dit en dat voor u gedaan en alles wat we nu willen is uw instemming in de volgende zaken............"

Er is een groot verschillen tussen de prijs en voorwaarden.

U kunt bijvoorbeeld met een hoge prijs accoord gaan maar de voorwaarden zullen moeten veranderen. U kunt ook zeggen: "Als u wat aan de prijs doet doe ik iets aan de voorwaarden" of omgekeerd.

Hoe de ander te overtuigen

Om te overtuigen kunt u feiten, statistieken, getallen, bewijsstukken en namen van mensen van wie men gehoord heeft of van mensen met wie u al eerder zaken heeft gedaan aanvoeren (de referenten). Het gebruikmaken van feiten en het verwijzen naar mensen die al eerder zaken met u gedaan hebben zijn krachtig middelen om de ander te overtuigen. Verwijs naar vergelijkbare situaties. Als u referenties heeft die onder vergelijkbare omstandigheden identieke beslissingen hebben genomen (als de ander die dat nu wil doen) heeft u een krachtig instrument in handen.

Enkele overwegingen om met de prijs om te gaan:

Zeg: "Wat is dat duur." "Is dat uw beste prijs?" "Wat is het beste wat u kunt voorstellen?" "Heeft u het niet eerder aan iemand voor minder verkocht?" "Ik kan het elders voor minder kopen." Doe een tegenbod. Zeg: "Ik ga met de prijs accoord als u levert." Als u accoord gaat met de prijs kunt u nog aanvullend bedingen. U zegt: "Geef me uw beste prijs en u weet direct of we zaken kunnen doen." U kunt altijd aangeven wat uw laagste of wat uw hoogste bod zal zijn en dat schept duidelijkheid.

U kunt voorstellen overeenkomsten, afhankelijk van het onderwerp, o.a. op basis van de volgende uitgangspunten af-sluiten:

- De marktwaarde van een goed

- Precedenten (voorafgaand geval, besluit of beslissing waarop men later op terug kan vallen)

- Wetenschappelijke beoordeling

- De normen die gangbaar zijn in een bedrijfstak

- Efficiency: het op zodanige wijze gebruiken van de financiële, personele en materiële middelen dat bij een gegeven hoeveelheid middelen een maximale output wordt verkregen of dat voor een hoeveelheid output van een gegeven kwaliteit een zo gering mogelijke input benodigd is. (1)

- Kosten

- Wat de rechter zou beslissen

- Wederkerigheid

- Gelijke behandeling

- Moraliteit of morele normen

- Gewoonte, etcetera.

- bij commerciële onderhandelingen is het zinvol en raadzaam marktverkenning te doen naar prijzen en kwaliteiten en zonodig een proefonderhandeling te overwegen.

Tot op zekere hoogte mag u best met de andere partij van mening verschillen, u onderhandelt om uw belangen te behartigen. De ander heeft ook belangen hetgeen inhoudt dat er sprake is van zowel gemeenschappelijke- als tegenstrijdige belangen.

Luister naar het hele betoog van de spreker zonder hem te onderbreken. Luister alsof er geen andere spreker in het land is m.a.w. hij is de enige spreker in het land. Luister en probeer elk woord te begrijpen. Mogelijk vindt u een aanknopingspunt om het proces goed te begeleiden.

Hier een voorbeeld.

Een echtpaar gaat met een makelaar een woning bezichtigen. De makelaar begint op de begane grond, geeft een rondleiding met de nodige uitleg en ze gaan naar de volgende etage. Daar begint hij met de badkamer tot dat ze via de ouderslaapkamer op het balkon komen. De tuin is fraai aangelegd. De vrouw is erg onder de indruk.

Plotseling zegt ze: " Ach, ik heb altijd zo'n tuin met die hortensia's etcetera, willen hebben." De makelaar heeft dit goed door; gaat er handig op inspelen en bij elk geschikt moment tijdens de bezichtiging haakt hij in op de opmerking met betrekking tot de tuin.

Hij zegt als hij op de begane grond is: "Kijk maar naar de ruimte en de indeling, is het niet mooi om naar deze prachtige tuin te kijken als u 's morgens opstaat?"

Eventuele andere tegenwerpingen kunnen ook gepareerd worden door de tuin bij de beantwoording mee te nemen. Het gevolg zal zijn dat de tuin een steeds belangrijker rol gaat spelen bij het uiteindelijke besluit van het echtpaar. Deze makelaar maakt gerede kans dat hij de woning aan dit echtpaar verkoopt.

U kunt perfecte relaties opbouwen met anderen, zonder dat deze uw toenadering als opdringerig beschouwen door goede vragen te stellen en door naar mensen te luisteren.

Een ander voorbeeld van een onderhandeling.

Het betreft een werknemer hierna te noemen Wn, en werkgever hierna te noemen Wg.

Wn: Mijn dank voor uw bereidheid om met mij te spreken. Ik wil het hebben over mijn voorstel tot loonsverhoging van 6% met ingang van volgend jaar.

Wg: U bent al enige jaren werkzaam in onze organisatie. We hebben u ervaren als een goede en loyale medewerker. Het functioneringsgesprek van dit jaar is goed verlopen. Na ampele overwegingen hebben we besloten om u een loonsverhoging van 4% te geven.

Wn: Ik waardeer uw 4% loonsverhoging maar ik moet echt die 6% hebben.

Wg: Hmm,...Waarom zoveel? Leg dat eens uit.

Wn: Het is fijn om bij een organisatie als de uwe te mogen werken. Naast de normale uitgaven drukken de kosten van de naschoolse opvang van de kinderen zwaar op mijn inkomen.

De uren opvang na school van 14.30u tot 17.30u moet ik vijf dagen per week opbrengen. Die 6% heb echt nodig ik om met een gerust hart mijn kroost na schooltijd op te laten vangen.

Wg: Ik begrijp u. Ik stel het volgende voor. Wilt u flexibele werktijden? U kunt dan deels uw werkzaamheden thuis verrichten. Misschien kunt u van 8.30u tot - 15.15u op kantoor met een pauze van 15 minuten aanwezig zijn. De rest van de uren kunt u thuis werken. Op deze wijze kunt u nog steeds 40 uur werken. De kosten van naschoolse opvang kunnen omlaag; u kunt meer tijd aan uw kinderen besteden. Wat vindt u hiervan?

Wn: Geweldig! Ik ga accoord met zowel uw voorstel van 4% loonsverhoging als de voorgestelde flexibilisering van de werktijden. Dank u wel!

De werkgever heeft zowel zijn eigen doelstelling nl. een beperkte loonsverhoging als een oplossing voor de naschoolse opvang van de kinderen van de medewerker bereikt. Een WIN-WIN situatie.

Samenvatting naar aanleiding van het voorgaande.

Leg altijd vast wat voor u een acceptabele uitleg/standpunt is.

Ga reëel te werk want een irreëel gekozen standpunt leidt tot het vastlopen van de onderhandelingen. Deze worden dan afgebroken.

Het zal nu wel duidelijk zijn dat iemand graag wil weten wat de "laagste" of "hoogste" van de andere partij is.

Geeft uw weerstandspunt (hoogste of laagste) niet snel weg, maar probeer wel actief achter die van de ander te komen.

Tussen de "laagste prijs" die u wilt betalen en de "hoogste prijs" die verkoper wil hebben is een een zogenaamde "grijs gebied" waarbinnen een overeenkomst mogelijk is. Noem het gemakshalve het "bargain field." Kijk naar het schema onderhandelingsruimte. Binnen het rechthoekige vlak is een overeenkomst mogelijk.

Dat is ook een gevaarlijk gebied. In dit gebied kunnen de onderhandelingen vastlopen of zelfs afgebroken worden. Als in het uiterste geval ook de ego's een rol spelen, de standpunten verharden en de "nekken roder" worden is het hek van de dam.

Er zijn onderhandelaars die alleen toegeven of concessies doen als die hun eigen belangen dienen. Zij onthouden de ander belangrijke informatie, verfraaien of verdraaien feiten, stellen zich onbetamelijk op, zijn ongeduldig en oefenen ongeoorloofde pressie, etcetera, op de ander uit. Dit is hard onderhandelen.

De overwegingen met betrekking tot deze opstelling verschaf ik u om ze te kunnen herkennen en plaatsen mocht u deze tegenkomen.

Nogmaals het zijn zaken die u tijdens onderhandelingen kunt tegenkomen; er zijn lieden die eerst dit incalculeren voordat ze hun onderhandelingsstijl (hard onderhandelen of niet) kiezen.

1. Hoe belangrijk is het dat de andere partij de onderhandelingen niet verlaat?

Aantekeningen

_____

_____

_____

_____

_____

_____

2. Hoe belangrijk is een goede verstandhouding met de ander voor u?

Aantekeningen

_____

_____

_____

_____

_____

_____

_____

3. Hoe complex is de materie, de kwestie waar de onderhandelingen over gaan?

Aantekeningen

_____

_____

_____

_____

_____

_____

_____

De conflicterende belangen of de strijdpunten zijn ook een belangrijke bron van informatie. Hierdoor ziet u waar de schoen wringt. In een plan van aanpak mogen de onderstaande overwegingen niet ontbreken.

Onverwachte kansen

U moet ook in staat zijn om een kans die u staat aan te grijnzen te pakken als de ander tegen u zegt: "Ik vermoed dat ik wat hulp kan gebruiken met...." of: "Ik vraag me af of....." Het zijn dringende verzoeken om medewerking. Luister ernaar! Speelt u er goed op in dan kunt u op wederkerigheid rekenen. De toekomst zal u toelachen.

Conflicterende belangen

Organiseer de lijst van conflicterende belangen in een plan van volgorde en prioriteit. Denk na wat u eerst moet oplossen en wat later. Wat moet u doen na iets en wat daarna. In deze is het relevant om de urgentie van iets te bepalen. Omdat het soms lastig is om de urgentie van een taak te bepalen geef ik u een methode die ik zelf hanteer en die voor mij altijd goed werkt: "Wat zijn de gevolgen als ik deze taak niet doe?"

Omdat het soms lastig is om de urgentie van een taak te bepalen geef ik u een methode die ik zelf hanteer en die voor mij altijd goed werkt: "Wat zijn de gevolgen als ik deze taak niet doe?"

Aantekeningen

_____

_____

_____

_____

_____

_____

Door deze vragen te beantwoorden bent u in staat om een gedegen opstelling tijdens de onderhandelingen vorm te geven.

Niet elk verschil of tegenstelling tussen partijen leidt tot openlijke of ernstige fricties. Hoe partijen tegenover elkaar staan is van invloed op hoe het geschil- of conflictproces zal verlopen. Macht kan hierbij een grote rol spelen. Als de machtsongelijkheid groot is zal het waarschijnlijk lang duren voordat de zwakkere partij voldoende kracht of energie heeft verzameld om een openlijk conflict aan te gaan. Tot die tijd zullen zich vele vormen van indirecte strijd manifesteren. Soms laat men de tegenstellingen sluimeren en wacht men op een opportuun moment om het goed op te laten laaien. In dat soort gevallen kunt u een felle strijd tegemoet zien. Denk maar aan de strijd in Rhuwanda waarbij in korte tijd van hevige strijd veel mensen het leven lieten. (Dit is wel een erg krasse vergelijking).

Een juiste opstelling, goed onderhandelaarsgedrag, empathisch gedrag, een coöperatieve attitude, een creatieve opstelling en oplossingsgerichte instelling, etcetera, kunnen u al een heel eind op weg helpen.

SCHEMA ONDERHANDELINGSRUIMTE

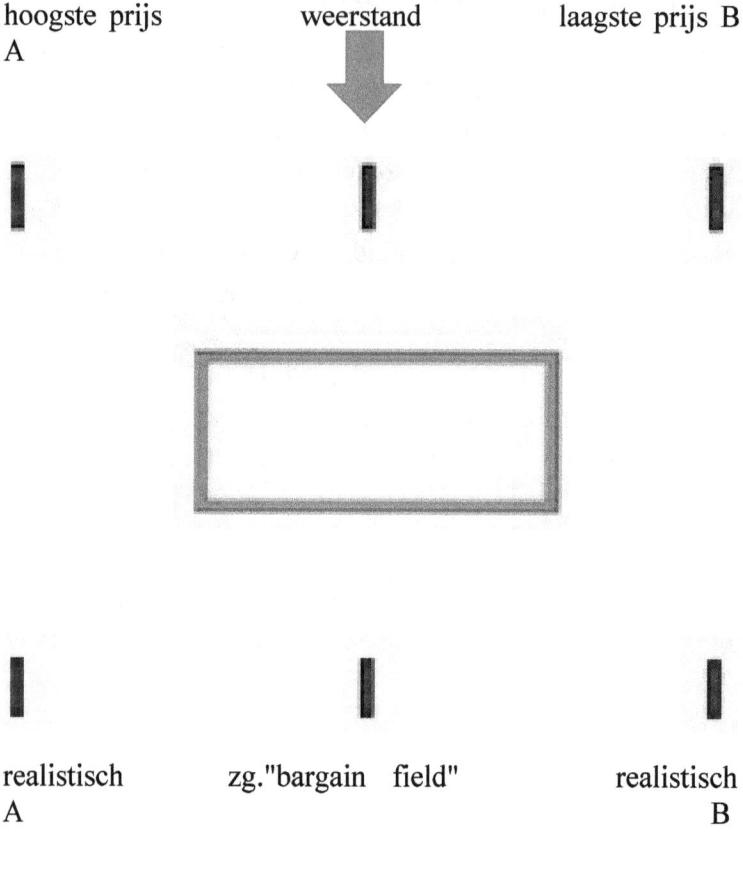

hoogste prijs   weerstand   laagste prijs B
A

realistisch   zg."bargain   field"   realistisch
A   B

te verwachten oplossing

Onderstaand grafiek geeft u een beeld van punten van overeenstemming en strijdpunten de zg. conflicterende issues.

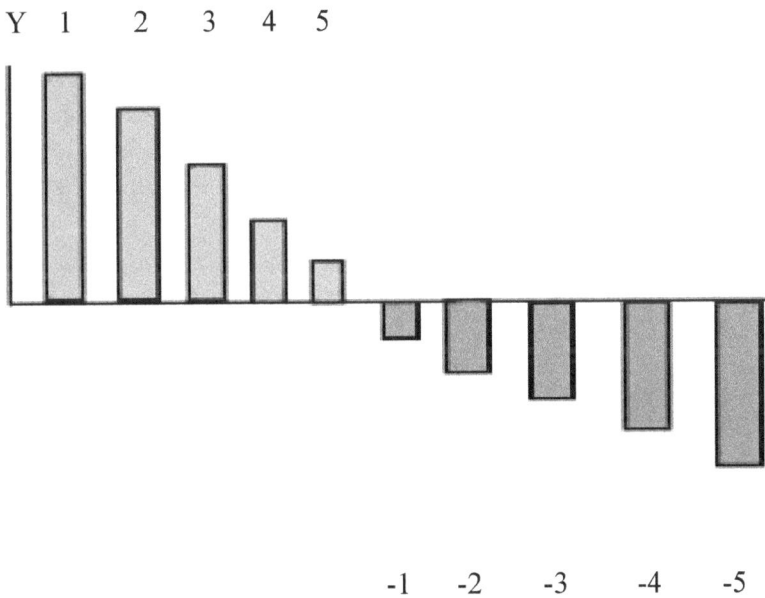

De y-as verticaal, evenwijdig aan staafjes 1 t/m 5.

Stel dat staaf 1 impliceert dat er volledige overeenstemming is, dan betekent dit, dat bij de volgende staafjes 2 tot en met 5 de punten van overeenstemming steeds minder worden.

De x-as, horizontaal, staafjes -1 t/m -5. Kijken we naar die staafjes dan zien we dat de strijdpunten steeds groter worden. Het begint bij staaf -1 begint het en wordt steeds groter. Bij staaf -5 kunnen de tegenstellingen zo groot zijn dat de partijen een derde er bij moeten halen om er uit te komen.

De ervaren onderhandelaar klaagt niet over zijn onbehaaglijke gevoelens als er zich onwelgevallige omstandigheden voordoen. Hij stelt die aan de orde, bespreekt ze en gaat verder met de vraag: "Hoe voorkomen we dat dit zich in het vervolg herhaalt."

Een goede onderhandelaar geeft niet voor niets een concessie weg. Hij weet wat de waarde van een concessie is, hij doet een klein beetje moeilijk voor hij iets weggeeft, maar zorgt altijd dat hij er wat voor terug krijgt.

Aantekeningen

Aantekeningen

Aantekeningen

Aantekeningen

Aantekeningen

Aantekeningen

Aantekeningen

Hoofdstuk 2

Communicatie

Vragen

1. Open vragen

Deze vragen beginnen met: wie, wat, waar, wanneer, waarom en hoe. Een interessante vraag die u iemand kunt stellen als u hem (voor het eerst) ontmoet is: "Wat is uw professie?"

2. Gesloten vragen.

Dit zijn vragen die alleen met een "ja" of "nee" beantwoord kunnen worden. De andere partij moet een keuze maken tussen de van te voren gegeven antwoorden. Het antwoord is al in de vraag ingebouwd. Een voorbeeld van een gesloten vraag is: Vindt u voldoening in uw activiteiten?

3. U kunt een gesprek leiden met een vraag door een suggestie voor het antwoord in te bouwen. Een voorbeeld is: "Ome Joop, ik wil graag met u (gaan) uit eten. Wanneer schikt dat u het beste: "vrijdagmiddag of zaterdagavond."

4. U kunt ook vragen stellen waardoor de ander direct weet waar hij aan toe is. Er bestaat geen twijfel over wat u met uw vraag wilt. Bijvoorbeeld: Bent u tevreden met de service?

5. Een andere ook efficiënte manier om achter de mening van een ander te komen is door het stellen van indirecte vragen. Deze herkent de intentie van de vraag niet zomaar. Bijvoorbeeld: Hoe waarschijnlijk is het, dat u een vriend zult adviseren om een reis bij onze organisatie te boeken?

Soms is het nodig om door te vragen.
Dit doorvragen is nodig als het u volgende ervaart:
- U krijgt een ander antwoord op uw vraag

- U krijgt een onvolledig antwoord
- U krjgt een onduidelijk antwoord
- U krijgt een antwoord dat niet relevant is

Mogelijke benaderingen om door te vragen zijn:
Wat houdt dat in?
Vertel mij er meer over
Legt u dat eens even uit
U kunt de vraag herhalen en iets specifieker zijn
U herhaalt het antwoord
U zwijgt en laat de stilte voor u werken, mogelijk krijgt u
meer informatie, om er vervolgens mee door te vragen.

6. Gebruik soms de retorische wedervraag en laat u niet uit de tent lokken. Bij een retorische wedervraag is het de bedoeling dat de andere partij zich aangesproken voelt en instemt met wat de zender (spreker) suggereert.

Bijvoorbeeld: "Moet dat soms kapot?"

"Doet u voorzichtig?"

"U wilt toch later goed verdienen?"

Ik reik u nog enkele overwegingen aan met betrekking tot spreken.

Uitgangspunt is het volgende:

1. Bewering + Tegenbewering is gelijk aan een TWISTGESPREK.

2. Vraag + Antwoord is gelijk aan SAMENWERKING.

Wanneer u een volstrekt onverwacht antwoord krijgt en u de draad dreigt kwijt te raken, kan het vaak nog als volgt worden bijgestuurd: "Zo ziet u de zaak dus, maar is het niet denkbaar dat...................... " (gevolgd door uw eigen opvatting)

Als iemand een misverstand (uit het verleden) projecteert op een huidige aangelegenheid kunt u zeggen: "Dat is ook onze zorg, fouten (en omissies) trachten wij te voorkomen door tijdig in te spelen op de omstandigheden of door het tijdig bijstellen van .....of.............beleid." etcetera.

Komt er op een bepaalde vraag geen antwoord dat bevredigend is, dan kunt u uw eigen mening als antwoord naar voren schuiven. "Natuurlijk kan men de zaak vanuit verschillende invalshoeken benaderen, maar reëel lijkt mij de opvatting dat....................wat denkt u hiervan?"

Daarna probeert u de gesprekspartner met argumenten en andere overtuigingsmethoden op uw spoor te zetten.

Bij het vragen om medewerking. Vraagt u of eist u medewerking? "Zou u alstublieft" klinkt aanlokkelijker dan, "Ik wil dat u...................."

Laat u niet op een zijspoor zetten door de gesprekspartner of uit het veld slaan als gezegd wordt dat uw vraag niet belangrijk is of niet ter zake doende is. Geeft snel anwoord met: "In dit geval kunnen we de vraag snel beantwoorden en daarna overgaan tot de essentie van dit overleg, vergadering, etcetera."

Weerstand kan op vele manieren geuit worden. Het varieert van het vergeten van afspraken tot het voeren van een discussie op academisch niveau. Observeer en herken deze signalen.

U kunt perfecte relaties opbouwen met anderen, zonder dat deze uw toenadering als opdringerig beschouwen door goede vragen te stellen en door naar mensen te luisteren.

Omgaan met weerstand of conflicthantering

Om het enigszins te vereenvoudigen wil ik het gedrag van de mens vanuit een andere invalshoek toelichten. U hoeft geen wetenschapper te zijn om dit te herkennen. Goed analyseren van de verbale- en non-verbale uitingen brengen u al een heel eind.

Indeling naar soort gedrag

1. Mensen die boos of anderszins aggressief gedrag vertonen. Deze zijn zichtbaar door hun aggressie of uitdagende lichaamstaal en een hoog stemvolume. Het uiten van verbale dreigementen behoort eveneens tot de mogelijkheden. Ze willen een probleem bespreken en misschien iemand er bij halen. Hoe gaat u hiermee om? Ten eerste laat u niet afleiden door het gedrag van dit type. Weersta de verleiding om met gelijke munt terug te slaan.

Zij willen gehoord worden. Luister naar ze en bovenal onderbreek ze niet. Vermijd verontschuldigingen met betrekking tot de zaak, dat maakt ze vijandig. Gebruik de woorden "alstublieft" en "dank u wel." Ze hebben iets te bespreken. Houd u bij de feiten. Om het gesprek te controleren moet u gesloten vragen stellen. Toon empathie: het met uw kennis, kunde en ervaring kunnen inleven in de andere partij is van niet te onderschatten belang. Stel vragen als: "Mag ik een suggestie doen." "Mag ik zeggen hoe ik er over denk." Wacht tot ze ja zeggen. Toon respect.

2. Mensen die passief gedrag vertonen

Dit type is makkelijk in de omgang. Het kenmerkt zich door weinig eisen te stellen, maar ze verwachten wel dat u iets voor ze doet, of op de een of andere manier tegemoet komt aan de wensen of vragen die ze hebben. Mocht er een te behandelen onderwerp zijn, bied een oplossing aan met nazorg voor zover die mogelijk is. Doe iets meer dan van u verwacht wordt. Bied ze iets creatiefs aan. Ook als ze in het vervolg een kwestie aankaarten zullen ze hetzelfde gedrag vertonen.

3. Mensen die "sociaal" gedrag vertonen Deze houden van praten en ze zijn vaak plezierig in de omgang, maar nemen uw kostbare tijd in beslag. Hoe gaat u hiermee om? Stel gesloten vragen. Hiermee heeft men de contole over het gesprek en kan men de duur ervan beheersen.

Gesloten vragen kunt u nl. met ja of nee beantwoorden.

Nodig niet uit tot onnodige gesprekken maar houd u bij de feiten en wordt niet persoonlijk. Als er een probleem is, bied een oplossing aan en zonodig een traject van nazorg. Wees geduldig met ze, probeer ze niet snel de deur uit te werken al heeft u er soms de neiging toe.

4. Mensen die analytisch gedrag vertonen. Deze kenmerken zich door hun nauwgezetheid, ze willen feiten, wensen gedetailleerde informatie of oplossingen en hebben weinig behoefte aan "verhalen." Met hen kunt u weinig of geen sociale gesprekken voeren. Deze mensen willen veel en gedetailleerde informatie voor ze een beslissing nemen. Wees bereid die te verstrekken, op die manier krijgt u zaken aan de gang en dus ook hun medewerking.

Ze zijn bijzonder goed in het hanteren van wie-, wat-, waar-, wanneer-, waarom-, en hoe- vragen. Ze willen niet overhaasten, geef ze de tijd om na te denken. In de omgang met dit type is de tijd uw beste vriend, laat de tijd in combinatie met veelheid aan informatie zijn werk doen. In een gesprek vallen er veel pauzes en stille momenten. U zult u hierdoor misschien ongemakkelijk voelen, probeer deze stille momenten niet op te vullen, ze zijn bezig met het visualiseren, het analyseren en verwerken van informatie. Laat de kip maar broeden zou ik zeggen.

Aan dit type kunt ook een voorbeeld nemen als u onderwerpen of kwesties wilt ontleden.

Aan de hand van de verbale-, non-verbale uitingen en feiten of omstandigheden formuleert u een een antwoord naar de andere partij toe. U kunt in bijvoorbeeld 15 minuten bijna alles wat u in dit boek leest creatief toepassen. Oefen het net zo lang tot het automatisch, intuïtief en instinctief gaat. Oefening baart kunst.

Resumerend.
Toon empathie met uw kennis, kunde en ervaring kunnen inleven in de andere partij is van niet te onderschatten belang. Mocht er een te behandelen onderwerp zijn bied een oplossing aan, vriendelijk en respectvol met nazorg voor zover dat mogelijk is.

Stelregel is dat hoe beter iemand opgeleid is, hoe meer ervaring iemand heeft in een bepaald gebied, hoe evenwichtiger hij is, hoe voorspelbaarder zijn gedrag.

Communicatie buiten de landsgrenzen

Naast hetgeen wat eerder in het boek geschreven is krijgt u

te maken met andere individuen die op onze groene planeet

wonen. In deze tijd van voortdurende globalisatie komen

culturen vaker met elkaar in aanraking; daardoor ontstaan

kansen op wederzijdse verrijking.

Contact kan er zijn met:

- Het gebied of de plek waar u gaat wonen, werken of
anderzins verblijven

- Volken

- Religieuze groeperingen

- Rassen

U moet deze herkennen en goed inschatten om uw
communicatie er op af te kunnen stemmen.

Sociaal culturele omgeving

Natuurlijk zullen er vele indelingen te bedenken zijn, maar
een eenvoudige indeling is deze:

- Om welk deel van de wereld, gebied of gebiedsdeel gaat het?

Aantekeningen

_____

_____

_____

_____

_____

_____

- Is het een individualistische- of collectieve maatschappij?

Aantekeningen

_____

_____

_____

_____

_____

_____

- Hecht men waarde aan de door hen door de tijd heen opgebouwde en gekoesterde achtergrond of tradities?

Aantekeningen

_____

_____

_____

_____

_____

_____

- Is er sprake van vernieuwing?

Aantekeningen

- Of is er sprake van een combinatie van de twee laatste

Aantekeningen

_____

_____

_____

_____

_____

_____

Enkele te overwegen vragen om verschillen te benoemen:

Werkt men alleen of als deel van een groep?

Aantekeningen

_____

_____

_____

_____

_____

_____

Hebben ze een individuele of collectieve
verantwoordelijkheid?

Aantekeningen

_____

_____

_____

_____

_____

_____

Gedragen ze zich formeel of informeel? etcetera.

Aantekeningen

_____

_____

_____

_____

_____

_____

Het vereist inzicht in uw eigen manier van werken en als u die hebt kunt u de verschillen met de ander gaan vaststellen.

Door goed onderzoek aan de hand van de bovengenoemde factoren te doen, door u voor te laten lichten en waar mogelijk u door een gids te laten leiden of te adviseren, zult u goed beslagen ten ijs komen.

U bent dan met deze achtergrondinformatie in staat uw gesprekspartner beter in te schatten, u op gepaste wijze voor te bereiden en voortreffelijke resultaten te behalen.

U zult verbaasd zijn hoeveel respect u zult krijgen omdat u zich heeft verdiept in de andere partij.

Als u echt niet weet hoe u u in een bepaalde omgeving moet opstellen, stel u helder en zakelijk op. Concentreer u op de feiten. Diplomaten baseren zich altijd op de feiten.

Wees voorzichtig met humor of symbolische gebaren. Doordat humor of symbolische gebaren, anders opgevat kunnen worden kunnen de consequenties die voortvloeien uit gebruik hiervan, een onbedoelde negatieve invloed hebben op de (prille) relatie.

U moet u zodanig organiseren en instrueren dat de communicatie met de ander goed verloopt.

Het snel ter zake willen komen is een punt waarop de onderhandelingen abrupt kunnen eindigen. U zult u op dat moment afvragen: "Wat is er mis gegaan." In sommige culturen wordt het opbouwen van een goede persoonlijke relatie belangrijker gevonden dan direct financiële winsten boeken. Dit opbouwen van de relatie kan enkele dagen vergen, en stel u daar op in.

Heden ten dage zijn medische check-ups gewoon geworden. Onderwerp uzelf aan een "communicatie check-up", zodat u kunt anticiperen op onverwachte ontwikkelingen of omstandigheden.

Charles Darwin: "Onwetendheid wekt vaker zekerheid dan kennis." (2)

Aantekeningen

Aantekeningen

Aantekeningen

Aantekeningen

Hoofdstuk 3

ESSENTIËLE VRAGEN

Deze vragen kunt u beantwoorden om uw productiviteit vast te stellen.

Enkele belangrijke vragen:

- Bent u bereid om langer te werken?

Aantekeningen

_____

_____

_____

_____

_____

_____

- Bent u bereid om betere resultaten te halen met wat u doet?

Aantekeningen

- Bent u bereid om meer zaken voor elkaar te krijgen?

Aantekeningen

_____

_____

_____

_____

_____

_____

- Werkt u aan taken die meer resultaat opleveren? Een methode om die vast te stellen is te kijken naar wat de consequenties van het niet uitvoeren van de taken zijn.

Aantekeningen

- Voert u werkzaamheden uit waar u goed in bent?

Aantekeningen

_____

_____

_____

_____

_____

_____

- Voegt u taken samen? (reënginering)

Aantekeningen

- Vermindert u het aantal te nemen stappen in uw werk?

Aantekeningen

_____

_____

_____

_____

_____

_____

Flexibiliteit (in onderhandelen) betekent dat u:

- Op zoek gaat naar informatie

- Open staat voor informatie. Het gaat bij beide om informatie die van belang is voor het onderhandelingsresultaat

- Aan veranderende omstandigheden het hoofd kunt bieden zonder dat de activiteiten problemen of hinder ondervinden

- Constant afzonderlijk of als team de vooruitgang in het halen van de doelstellingen overweegt en evalueert

- Beseft en een duidelijk en helder beeld heeft van wat de consequenties zijn als het doel niet gehaald wordt

Aantekeningen

_____

_____

_____

_____

Aantekeningen

Hoofstuk 4

CREATIVITEIT

Creativiteit

Enkele vragen om uw creativiteit vast te stellen:

- Wacht u met oordelen?

Aantekeningen

_____

_____

_____

_____

_____

_____

- Heeft u oog voor overeenkomsten?

Aantekeningen

_____

_____

_____

_____

_____

_____

- Reageert u alert?

Aantekeningen

_____

_____

_____

_____

_____

_____

- Heeft u discipline?

Aantekeningen

_____

_____

_____

_____

_____

_____

- Kunt u met tegenstellingen omgaan?

Aantekeningen

_____

_____

_____

_____

_____

_____

Dit laat onverlet dat u altijd aan de bel trekt als u het gevoel
heeft dat in de onderhandeling of het gesprek de grenzen van
de redelijkheid (dreigen te) worden overschreden.
Bijvoorbeeld: Dat uw integriteit in twijfel getrokken wordt.

Aantekeningen

Hoofstuk 5

GEBRUIK DE VOLGENDE WOORDEN IN UW
OVERWEGINGEN. Pas de Anti Anoma Methode (DAAM)
toe. Bij deze methode gaat u met tegengestelde
omstandigheden, standpunten of woorden werken. Zie
hiervoor de beslis-methode in het boek.

Ik geef u enkele belangrijke woorden die in een onderhandeling of gesprek nuttig kunnen zijn. Schrijf op aan waar aan u denkt in relatie tot de kwestie als u het desbetreffende woord leest. Pas de Anti Anoma Methode (DAAM) toe. Bij deze methode gaat u met tegengestelde omstandigheden, standpunten of woorden werken.

- Bevoegd

Aantekeningen

_____

_____

_____

_____

_____

- Doelgericht

Aantekeningen

_____

_____

_____

_____

_____

_____

- Doeltreffend

Aantekeningen

_____

_____

_____

_____

_____

_____

- Eigendomsrechten en risico voor en na een overeenkomst.

Aantekeningen

_____

_____

_____

_____

_____

_____

_____

Informatie m.b.t. (commerciële) onderhandelingen

Als er onderhandelingen gaande zijn met betrekking tot de aankoop van bijvoorbeeld een bedrijf, zijn er enkele zaken die absoluut overwogen moeten worden. Informatie zult u krijgen in de vorm van financiële- (of onder andere) data.

De informatie moet voor u:

- Begrijpelijk zijn. U moet in staat zijn met uw kunde, kennis en ervaring die te doorgronden. U zult u inspanningen moeten getroosten en toewijding moeten hebben om die informatie goed te bestuderen.

- Relevant zijn. De informatie moet een bijdrage leveren aan de kwaliteit van uw besluitvorming.

- Moet betrouwbaar zijn. Deze betrouwbaarheid is een redelijk ruim begrip, vandaar dat ik het tot enkele kenmerken terugbreng:

• Er moet sprake zijn van een werkelijke weergave van feiten. De feiten moeten op waarheid berusten. Er is altijd een risico dat informatie die moeilijk te meten is weg wordt gelaten. Wees daar alert op!

• In overeenstemming zijn met de financiële of de economische werkelijkheid.

• Neutraal zijn, hetgeen niet mag inhouden dat men te voorzichtig naar de toekomst toe wordt. Er mag best ambitie zijn.

De informatie die verstrekt wordt met het oog op de toekomst moet worden voorzien van aanvullende informatie waaruit de onzekerheid blijkt. De informatie moet zo zijn dat het voldoet aan de eis dat de belanghebbende inziet dat het nut ervan hoger is dan de kosten.

- De informatie moet vergelijkbaar zijn, denk aan het begrip benchmarking. De ontvanger moet in staat zijn de feiten en omstandigheden van verschillende ondernemingen of vergelijkbare situaties onderling te vergelijken.

Veel kopers nemen een terzake deskundig adviseur om een "due dilligence" onderzoek uit te voeren.

Hoewel ik niet pretendeer dat hiermee alle "vallen" afgezekerd zijn heeft u met deze informatie een tool om u tot zekere hoogte voor te bereiden op uw besluit. Vandaar de volgende vraag: Wat zijn de financiële gevolgen en risico's van mijn besluit?

Wees geen amateur boekhouder of deskundige maar houd u u bezig met de financiële feiten; en feiten liegen niet.

Heeft u weleens gelezen hoeveel ellende schijntransparantie c.q. het verbergen/manipuleren van de (financiële) waarheid met zich meebrengt?

- Wat zijn de financiële gevolgen en risico's van uw besluit?

Aantekeningen

_____

_____

_____

_____

_____

_____

_____

- Hoe?

Aantekeningen

_____

_____

_____

_____

_____

_____

_____

- Hoeveel?

Aantekeningen

- Hoeveelste?

Aantekeningen

_____

_____

_____

_____

_____

_____

- Hoever?

_____

_____

_____

_____

_____

_____

_____

- Hoe was het?

Aantekeningen

_____

_____

_____

_____

_____

_____

- Hoe is het?

Aantekeningen

_____

_____

_____

_____

_____

_____

_____

- Hoe moet het zijn?

Aantekeningen

_____

_____

_____

_____

_____

_____

- Juridische gevolgen en risico's

Aantekeningen

_____

_____

_____

_____

_____

_____

- Sinds wanneer?

Aantekeningen

_____

_____

_____

_____

_____

_____

- Sancties

Aantekeningen

_____

_____

_____

_____

_____

_____

- Tijd (sdruk)

Aantekeningen

_____

_____

_____

_____

_____

_____

- (Hoe) vrijblijvend?

Aantekeningen

_____

_____

_____

_____

_____

_____

- Wie?

Aantekeningen

_____

_____

_____

_____

_____

_____

- Wat?

Aantekeningen

_____

_____

_____

_____

_____

_____

_____

- Waar?

Aantekeningen

_____

_____

_____

_____

_____

_____

_____

- Wanneer?

Aantekeningen

_____

_____

_____

_____

_____

_____

- Waarom?

Aantekeningen

_____

_____

_____

_____

_____

_____

- Wat als?

Aantekeningen

_____

_____

_____

_____

_____

_____

- Welke voorwaarden?

Aantekeningen

_____

_____

_____

_____

_____

_____

Bij aanpassen cq. nieuwe ideeën: Aan welke ideeën doet dit denken?

Aantekeningen

_____

_____

_____

_____

_____

_____

_____

Is er in het verleden een parallel te vinden?

Aantekeningen

_____

_____

_____

_____

_____

_____

Wat zou ik kunnen overnemen?

Aantekeningen

Wiens ideeën zou ik kunnen verbeteren?

Aantekeningen

_____

_____

_____

_____

_____

_____

Hoofstuk 6

MODEL BEHANDELING VAN EEN KWESTIE

Nu u enig inzicht zult hebben in het onderhandelen en het voeren van een gesprek geef ik u in het kort een model om een kwestie te behandelen.

1. De kwestie waar het om gaat is de volgende:

Aantekeningen

_____

_____

_____

_____

_____

_____

2. Heeft u aanvullingen op wat ik naar voren heb gebracht?

Aantekeningen

3. Zijn er vergissingen die u gecorrigeerd wilt hebben?

Aantekeningen

_____

_____

_____

_____

_____

_____

_____

4. U heeft de volgende zaken voor ons gedaan, waarvoor we u zeer erkentelijk zijn.

Aantekeningen

_____

_____

_____

_____

_____

_____

5. U wilt graag principieel overleggen. Zeg: "Wij overschrijden de grenzen van de redelijkheid niet als we dit niet op basis van macht of egoïstische belangen geregeld willen hebben."

Aantekeningen

_____

_____

_____

_____

_____

_____

6. De vertrouwenskwestie mag nimmer een rol spelen.

Aantekeningen

_____

_____

_____

_____

_____

_____

7. Wij willen u enkel vragen stellen om te verifiëren of de feiten kloppen.

Aantekeningen

_____

_____

_____

_____

_____

_____

8. Wat zijn de hoop, het verlangen, de verwachtingen en de doelen achter uw handelwijze?

Aantekeningen

_____

_____

_____

_____

_____

_____

9. Ik zal parafraseren, eens kijken of ik begrijp wat u bedoelt.

Aantekeningen

10. Als we er (nu) niet uitkomen, wanneer zullen we elkaar opnieuw spreken?

Aantekeningen

_____

_____

_____

_____

_____

_____

_____

11. Ik wil graag uit de doeken doen waarom ik uw redenering of sommige delen ervan niet helemaal kan volgen.

Aantekeningen

12. Wat doen we als we het eens met elkaar worden?
Wat doen we als we het niet eens worden?

Aantekeningen

_____

_____

_____

_____

_____

_____

_____

13. We zijn bereid om onze agenda af te stemmen op de uwe.

Aantekeningen

14. Het was een genoegen om met u (of de uwen) zaken te doen.

Aantekeningen

Als u een vergadering belegt en een probleem/situatie
wilt oplossen/bespreken, begin als volgt:
"We zijn hier om dit probleem te bespreken, om te
komen tot een oplossing, een conclusie of een
resolutie. Dit zijn de feiten (van het probleem), dit is de
informatie die we hebben; dit zijn de alternatieven die wij
overwegen en dit is onze eigen onderzoeksrapport of kennis
over de situatie."

"WAT DOEN WE VANAF DIT VERTREKPUNT?"

Aantekeningen

Hoofstuk 7

UITBOUWEN STRATEGIE

Om een strategie uit te kunnen bouwen kunnen de volgende woorden nuttig zijn in een onderhandeling of in de voorbereiding ervan. Pas de Anti Anoma Methode (DAAM) toe. Bij deze methode gaat u met tegengestelde omstandigheden, standpunten of woorden werken.

Om een strategie uit te kunnen bouwen kunnen de volgende woorden nuttig zijn in een onderhandeling of in de voorbereiding ervan. Pas de Anti Anoma Methode (DAAM) toe. Bij deze methode gaat u met tegengestelde omstandigheden, standpunten of woorden werken.

Opbouwen

Elimineren

Vooruitwerken

Terugwerken

Associëren

Classificeren

Generaliseren

Aantekeningen

_____

_____

_____

_____

171

Aantekeningen

Specificeren

Vergelijken

Relativeren

Overdragen

Uitstellen

Aantekeningen

Aantekeningen

Inspringen

Concentreren

Loslaten

Forceren

Ontspannen

Aantekeningen

_____

_____

_____

_____

_____

Aantekeningen

Dromen

Voorstellen

Uitzuiveren

Uitbroeden

Ten toon spreiden

Aantekeningen

_____

_____

_____

_____

_____

177

Aantekeningen

_____

_____

_____

_____

_____

_____

Organiseren

Controleren

Schematisch voorstellen

In kaart brengen

Verbaliseren

Aantekeningen

_____

_____

_____

_____

_____

Aantekeningen

Visualiseren

Memoriseren

Herinneren

Registreren

Herstellen

Aantekeningen

Aantekeningen

Onderzoeken

Selecteren

Ontwerpen

Voorspellen

Veronderstellen

Aantekeningen

Aantekeningen

In twijfel trekken

Hypothetiseren

Gissen

Definiëren

Symboliseren

Aantekeningen

Aantekeningen

Simuleren

Uittesten

Spelen

Bewerken

Aanpassen

Aantekeningen

Aantekeningen

Substitueren

Combineren

Ontbinden

Veranderen

Variëren

Aantekeningen

_____

_____

_____

_____

_____

Aantekeningen

Herhalen

Systematiseren

Transformeren

Vertalen

Overdrijven

Aantekeningen

_____

_____

_____

_____

_____

Aantekeningen

_____

_____

_____

_____

_____

_____

Hoofstuk 8

LIJST GESPREKSVOERING

Lijst gespreksvoering

Is onze aandacht niet alleen gericht op wat er gezegd wordt, maar ook op de manier waarop het gezegd wordt?

Aantekeningen

Bent u hoffelijk, vriendelijk en voorkomend om gunstige onderhandelingsvoorwaarden te scheppen?

Aantekeningen

Waren de voorbereidingen voldoende zorgvuldig en is dat ook gecontroleerd?

Aantekeningen

_____

_____

_____

_____

_____

_____

Wegen (hoe) we van tevoren af welke meningen, tegenovergesteld aan de onze, mogelijk zijn en bereiden we ons daarop voor?

Aantekeningen

_____

_____

_____

_____

_____

_____

Geven we de voorkeur aan positieve, motiverende zinnen?

Aantekeningen

Zijn onze formuleringen welwillend gekozen?

Aantekeningen

_____

_____

_____

_____

_____

_____

Vermijden we overdreven (sterke) uitdrukkingen?

Aantekeningen

_____

_____

_____

_____

_____

_____

Geven we voldoende aandacht aan de best mogelijke argumentatie of onderbouwing?

Aantekeningen

Wordt er voortdurend getracht om - ook bij meningsverschillen - constructief te blijven?

Aantekeningen

_____

_____

_____

_____

_____

_____

Wordt er geprobeerd te harde eisen door het stellen van harde tegenvoorwaarden te neutraliseren?

Aantekeningen

_____

_____

_____

_____

_____

_____

Blijven we hardnekkig naar bewijzen vragen voor de opvattingen van de ander? (Laat de andere partij niet hypothetiseren, veronderstellen)

Aantekeningen

_____

_____

_____

_____

_____

_____

Wat doen we wanneer de besprekingen dreigen vast te lopen? Proberen we dan de tussentijdse resultaten samen te vatten?

Aantekeningen

_____

_____

_____

_____

_____

_____

Zijn er financieringsconstructies nodig?

Aantekeningen

_____

_____

_____

_____

_____

_____

Is er een (uitgebreid) boekenonderzoek nodig?

Aantekeningen

_____

_____

_____

_____

_____

_____

Wordt, als de standpunten zich verharden, eveneens getracht het reeds gezamenlijk bereikte te benadrukken?

Aantekeningen

_____

_____

_____

_____

_____

_____

Wat doen we uit eigen beweging?

Wat doen we als reactie op wat de ander zegt of doet?

Aantekeningen

_____

_____

_____

_____

_____

_____

U moet als luisteraar voortdurend op de stoel van de spreker gaan zitten. Blijf de vraag stellen. "Wat wil deze spreker van ons."

Aantekeningen

_____

_____

_____

_____

_____

_____

Hoofstuk 9

OMGAAN MET OBSTRUCTIE

Onderhandelen als gedrag

Onderhandelen of probleemoplossen is een gedrag dat goed past bij situaties waarin partijen zowel dezelfde als tegengestelde belangen hebben. Een goede voorbereiding en het juiste gedrag zijn de belangrijkste voorwaarden voor een succesvol resultaat. Door goed te luisteren en vragen te stellen bent u in staat de behoeften van de andere partij te leren kennen. Het geeft hem/haar ook de mogelijkheid concessies te doen die u graag heeft en waarvoor u bereid bent zaken in te ruilen. Zo krijgt u een win-win situatie. Een goede onderhandelaar weet wat hij wil en vraagt erom, hij doet alleen een concessie als er een concessie voor terugkomt. Belangrijk hierbij is dat hij weet wat zijn onderste grens is nl. tot hier en niet verder. Dat laat onverlet dat hij geduldig en zorgvuldig is en de persoonlijke relatie positief houdt.

<u>Vergeet niet: liever geen overeenkomst dan een slecht resultaat.</u>

In het onderhandelingsproces zijn tijd en timing essentieel.

Dat betekent de tijd nemen om te onderhandelen en (timing) het geschikte moment afwachten om een concessie of een positief resultaat in de wacht te slepen. Met de tijd nemen bedoel ik dat, als u snel een resultaat wilt, u uw onderhandelingspositie kunt ondergraven. Het gevolg is een slecht resultaat. Zoals een gulzige haai een graat in de keel overhoudt. Andersom kan de andere partij vertragingstechnieken toepassen. Wees er alert op.

Uitstelgedrag

Een vorm van uitstelgedrag die niet direct of als zodanig te herkennen is, maar veelvuldig wordt toegepast is deze:
- U wordt attent gemaakt op diverse problemen
- Er worden verschillende oplossingen tegen elkaar afgewogen

- Ondanks dat geeft men toch de voorkeur aan de status quo, omdat men anders niet weet hoe het uitpakt

Wees er op voorbereid op dat het een teken van uitstel(len) is als u een breed overzicht wordt aangereikt van de problemen. De vraag die u aan de andere partij kunt stellen is: "Welk probleem is dan urgent?"

Bij onderhandelingen hoort ook de nodige energie steken om de machtsposities in te schatten.

Hieronder vindt u drie overwegingen:

- Mijn macht is groot en de uwe klein als ik geloof dat u mij meer nodig hebt dan ik u; en u bent het daarmee eens.

- Geloven we allebei dat de ander ons meer nodig heeft dan wij de ander, dan is er sprake van een machtsevenwicht.

- Ook is er sprake van een machtsevenwicht als we beiden geloven dat de ander mij meer nodig heeft dan ik hem.

Vertraging (uit berekening), pressie of de zogenaamde "dirty tricks." Dit komt bij onderhandelingen (vaak) voor.

Het kan een bewuste onderhandelingstactiek van de tegenpartij zijn of u heeft te maken met een partner die geen ervaring heeft met onderhandelen en op zijn gevoel afgaat. Het is net iemand die de tango wil dansen maar de stappen niet kent.

Stel vast met welk type onderhandelaar u te maken heeft en breng uw optimisme, uw waarden en kennis aan de ander over. Doe dat op een manier die niet als belerend of bedreigend wordt ervaren.

Als u hierin slaagt, zult u ook het vertrouwen en goede wil van de andere partij krijgen.

Pressie

Geef niet toe aan pressie.

Pressie kan vele vormen aannemen:

Omkoping.

Beschuldigingen.

Bedreigingen.

Verdachtmakingen.

U onzeker maken.

Valse feiten.

Vertraging uit berekening.

Escaleren van eisen (op het laatste moment komen met meer

dingen). In dit geval kunt u voorstellen de

onderhandelingen opnieuw te beginnen.

Op een slinkse manier beroep doen op vertrouwen.

Weigeren te onderhandelen.

Uw integriteit in twijfel trekken.

Een simpele weigering om concessies te doen.

Als u deze vormen van obstructie ervaart, zeg dan bijvoorbeeld: "U hanteert.........onderhandelingstactiek; mag ik eens vragen, wilt u de onderhandelingen nog wel met mij voortzetten?" "Zo ja, wilt u hiermee ophouden?" "Het helpt mij niet toegeeflijker te worden."

Hier volgen een paar andere voorbeelden van vragen die, gesteld kunnen worden als reactie op obstructie.

Hoezo?

Is dat zo erg!

Waarom denkt of zegt u dat?

Hoe komt u daarbij? Interessant!

Wat brengt u op die gedachte?

"Dat begrijp ik niet. Er is vast iets anders wat niet klopt."

"Ik begrijp u wel, als ik u was, zou ik ook proberen............"

"Als ik in uw schoenen stond, dan vermoed ik dat ik me heftig zou verzetten tegen de voorwaarden die ik u stel." "Als ik u was zou ik het volgende standpunt innemen................"

Goede onderhandelaars laten niet alles toe en bijten weleens van zich af. Als ze dat doen, doen ze dat kort en duidelijk en gaan over tot de orde van de dag.

Omgaan met onwaarheden

Confronteer iemand niet glashard met het verwijt dat hij niet de waarheid spreekt. Het is soms beter dat u hem laat merken dat u hem gelooft, en nieuwe vragen stelt om dichter bij de waarheid te komen.

En misschien op deze manier: "Dat verbaast mij zeer, kan het niet ook zo zijn dat................" Of "Dat is een interessant gezichtspunt. Ik heb soortgelijke gevallen gehad waar het heel anders lag. Is het niet mogelijk dat u hier twee dingen door elkaar haalt?"

Om te beoordelen of iemands voorstellen menens zijn, overweeg als volgt:

- Is zijn beleid structureel.

- Is zijn gedrag structureel.

- Zijn zijn activiteiten structureel. Aan de hand van het bovenstaande kunt u vaststellen of de voorstellen serieus zijn of dat het om een tactische manoeuvre gaat.

Aantekeningen

_____

_____

_____

_____

_____

_____

Aantekeningen

Hoofstuk 10

HET ONDERZOEKEN VAN EEN (VERKREGEN) OPLOSSING

Kunt u het resultaat controleren?

Aantekeningen

_____

_____

_____

_____

_____

_____

_____

Kunt u de bewijsvoering controleren?

Aantekeningen

_____

_____

_____

_____

_____

_____

Kunt u ook op een andere manier tot hetzelfde resultaat komen?

Aantekeningen

_____

_____

_____

_____

_____

_____

Kunt u het resultaat van uw methode ook voor een ander probleem gebruiken?

Aantekeningen

_____

_____

_____

_____

_____

_____

Hoofdstuk 11

BESLIS-METHODES

Denkinstrumenten/beslis-methodes

Met denken en communiceren maakt u goede

plannen en met het onderhandelen en

communiceren voert u de plannen goed

uit.

Daarom geef ik u hier een vijftal denkinstrumenten.

1. Denken Zonder Beperkingen (DZB).

"Wat zou ik niet meer doen met de kennis die ik nu heb?"

Aantekeningen

_____

_____

_____

_____

_____

225

a."Is er een zakelijke- of privérelatie die ik niet meer wil continueren?"

Aantekeningen

_____

_____

_____

_____

_____

_____

b."Is er een deel van mijn activiteiten, een product, dienst,

proces, procedure of uitgave, dat ik niet meer wil

voortzetten?"

Aantekeningen

_____

_____

_____

_____

_____

_____

c."Is er een investering in tijd, geld of emotie die niet voortgezet mag worden?"

Aantekeningen

_____

_____

_____

_____

_____

_____

Als u de antwoorden van de vragen a, b en c met ja kunt

beantwoorden, mag u deze activiteiten met een gerust hart

beëindigen. Deze factoren zijn net een anker dat de boot stil

houdt of de snelheid vermindert als u het te water laat.

Wanneer bevindt u in een DZB situatie?

Het antwoord is wanneer u chronische stress ervaart, u een

gedachte niet meer los kunt laten, uw nachtrust er onder lijdt,

zaken u beginnen te irriteren, u gefrustreerd raakt.

Dan bent u aan een DZB evaluatie toe.

Het moment is aangebroken om uit deze omstandigheden te

stappen. Daar is moed voor nodig en soms moet u verliezen

incasseren. Zoek hulp als u er op eigen kracht niet uit komt.

2. Het Slechtste Uitkomst Scenario (SUS).

In alles wat u doet, vraag uzelf af: Wat is het slechtste wat u kan overkomen als u een actie onderneemt?

Aantekeningen

_____

_____

_____

_____

_____

_____

Kunt u het overleven?

Aantekeningen

_____

_____

_____

_____

_____

_____

Wat kunt u doen om te voorkomen dat het plaatsvindt?

Aantekeningen

_____

_____

_____

_____

_____

_____

De reden waarom we ons zorgen maken in het leven is angst.

En angst is een slechte raadgever.

Denk bij de SUS aan:

"Als dit mij overkomt, kan ik ermee leven?"

Als uw antwoord ja is, valt de last van uw schouders.

Op dat moment verdwijnen de angsten, u kunt uw gedachten ordenen, kunt weer initiatief nemen en u kunt weer voortvarend en proactief werken. Daarnaast bent u weer verantwoordelijk voor uw leven en gaat u er voor zorgen dat het slechtste uitkomst scenario niet plaatsvindt.

3. De Beperkende Factor (DBF).

Tussen u en uw doel is een beperkende factor die bepaalt hoe snel u uw doel bereikt. Effectieve personen vragen zich af: "In welke mate is de beperkende factor bij mij?"

Aantekeningen

_____

_____

_____

_____

_____

_____

U wilt bijvoorbeeld over 3 jaar 2x modaal of tweemaal het gangbare middeninkomen verdienen.

De volgende vraag is: Waarom verdient u dat nog niet?

Aantekeningen

_____

_____

_____

_____

_____

_____

Welke is de beperkende factor?

Aantekeningen

_____

_____

_____

_____

_____

_____

In welke mate is die bij u, en in welke mate extern?

Aantekeningen

In welke mate is het zelfdicipline en in welke mate ontbeert u de mogelijkheden, vaardigheden?

Aantekeningen

_____

_____

_____

_____

_____

_____

Op dit moment is het aanbevelenswaardig ook een

Denken Zonder Beperkingen (DZB) analyse te maken.

4. Geconcentreerd Denken (GD).

Bij geconcentreerd denken richt u uw totale aandacht op de
volgende vragen:

- Wat wilt u bereiken?

Aantekeningen

_____

_____

_____

_____

_____

_____

- Hoe wilt u dat bereiken?

Aantekeningen

_____

_____

_____

_____

_____

_____

- Welk resultaat wilt u bereiken?

Aantekeningen

- Beschrijf het resultaat dat u wilt bereiken zo uitvoerig mogelijk.

Aantekeningen

_____

_____

_____

_____

_____

_____

- Is er een betere methode om dat resultaat te bereiken?

Aantekeningen

- Wat zijn de aannames?

Aantekeningen

- Kunnen uw aannames verkeerd zijn?

Aantekeningen

5. De Anti Anoma Methode (DAAM).

Bij deze methode gaat u met tegengestelde omstandigheden, standpunten of woorden werken. U neemt een woord en verandert het in het tegengestelde.

Bijvoorbeeld: Het tegengestelde van toegeven is volhouden. U kunt bijvoorbeeld een frictie, een probleem, als een kans zien. Als de mensen zeggen dat men niet meer vérkoopt, kunt u zeggen dat men niet meer kóópt. Hierdoor verschuift de aandacht van het verkopen naar het kopen.

U krijgt inzicht vanuit een ander perspectief: "Niet dat we niet genoeg verkopen, maar de kopers kopen niet genoeg van ons. Bekijk de kwestie vanuit andermans standpunt. Ga eens in de schoenen van de andere partij staan.

6. Een ander doch heel efficiënte methode om te beslissen is om ieder keer na een onderhandelingsronde een deelbeslissing te nemen. Op die manier komt men makkelijker tot een goed eindresultaat.

7. De vijf-tot-zeven-slagen-beslis-methode of de ramkhelawan-beslis-methode

Dit is een methode die ik zelf hanteer en die voor mij altijd goed werkt. Een relatie van mij heeft een garagebedrijf en daar is de regel dat een wielbout vijf tot zeven slagen moet hebben voordat deze met een momentsleutel wordt vastgezet. Ik ben toen gaan experimenteren, die "vijf-tot-zeven-slagen-methode" toepassen bij het nemen van een beslissing. Bij elke stap die ik neem pas ik de "vijf-tot-zeven-slagen-methode" toe.

Ik denk vijf tot zeven keer na voordat ik een beslissing neem of voordat ik me door een criterium of door één of ander bron laat overtuigen. Zoals eerder gezegd, dit is een methode die ik zelf hanteer en die voor mij altijd goed werkt.

8. Formuleer een struikeldraad bij het nemen van een beslissing.

Bijvoorbeeld: Bij elke beslissing die u moet nemen, een week bedenktijd.

Aantekeningen

Aantekeningen

traject denkinstrumenten schematisch weegegegeven

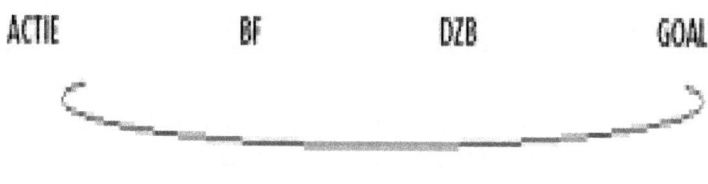

ACTIE   BF   DZB   GOAL

SUS

ANTI ANOMA

DAAM

Hoofdstuk 12

Adviseur kiezen

Adviseur kiezen

Hoe vindt u een goede/betrouwbare adviseur?

Aantekeningen

_____

_____

_____

_____

_____

_____

Eerst moet u weten naar welke zaken de adviseur zal moeten

kijken. Want een verkeerde diagnose en verkeerde

"behandeling" kan zelfs schade berokkenen.

Aantekeningen

Vraag om referenties. Als hij die niet heeft, laat dat vele vragen open.

Aantekeningen

Kijk goed naar de tarieven. Die hoeven niet altijd hoog te zijn. Het kan ook met minder.

Aantekeningen

_____

_____

_____

_____

_____

_____

Vraag hoe goed hij in zijn vakgebied is of welke resultaten hij voor u kan behalen.

Aantekeningen

_____

_____

_____

_____

_____

_____

Vraag of hij als er meer aan de hand is, procedures in gang kan zetten of aanvragen voor u kan verzorgen.

Aantekeningen

_____

_____

_____

_____

_____

_____

Focust hij op het oplossen van het probleem dat u werkelijk heeft?

Aantekeningen

_____

_____

_____

_____

_____

_____

Lost de dienst het probleem zo op dat u bereid bent te

betalen?

Aantekeningen

_____

_____

_____

_____

_____

_____

De vaardigheid die u met dit boek wenst te bereiken of het resultaat dat u wilt, kunt u alleen bereiken als u regelmatig leest en toepast. Een voorbeeld is, dat u na het behalen van uw rijbewijs alleen een goede bestuurder wordt, door u regelmatig met uw voertuig in verschillende verkeersomstandigheden te begeven. Ons brein is tot veel in staat, doch de effecten en de resultaten van ons denken zijn afhankelijk van wat we erin stoppen. Het is net een akker waar u oogst wat u zaait.

Aantekeningen

Aantekeningen

Aantekeningen

Aantekeningen

Aantekeningen

Aantekeningen

Aantekeningen

Hoofdstuk 13

Fricties

Deelname aan het maatschappelijk leven levert fricties, tegenreacties, etcetera, op. De wijze waar u hiermee omgaat is bepalend voor het verloop van uw deelname.

Deze fricties, irritaties of aannames kunt u als volgt indelen:

- Onjuiste verwachtingen of aannames die u zelf creëert

- Onjuiste verwachtingen of aannames die de ander (bewust) creëert

- Onjuiste of gebrekkige communicatie

Soms wordt schriftelijk informatie niet gelezen, snel gelezen of men heeft niet de juiste procedure gevolgd, men luistert met een half oor.

- (Niet opgeloste) kwesties uit het verleden

Als u met een kwestie een geconfronteerd wordt, vraag uzelf af:

Waar komt het vandaan?

De meeste fricties komen voort uit de hierboven opgesomde criteria.

- Onjuiste verwachtingen of aannames die u creëert

Laten we aannemen het is een feestdag.

U fantaseert dat uw verloofde u meeneemt naar een prachtig restaurant, met culinaire hoogstandjes.

U visualiseert en geniet al van van de sfeer, het lekkere eten, het glaasje wijn. U ziet het kaarslicht al branden. Uiteindelijk komt u terecht met een cadeaubon in een steakhouse.

U heeft er van genoten, maar toch niet gekregen waar u op gehoopt (en verwacht) had. U refereert aan uw eigen visualisatie, belevingswereld en verwachting. U raakt teleurgesteld. Mijn vraag is: Is het fair uw verloofde te vervelen met uw fantasie en verwachtingen?

Denk daar maar eens over na.

- Onjuiste verwachtingen of aannames die de ander creëert

U heeft een afspraak om 14.00u. En de ander komt om 15.00u opdagen en dat schept onbehagen bij u.

Iemand belooft u tomaten en levert komkommers.

Dit soort irritaties en onbehagen wordt door de ander geschapen. Voordat u op de een of andere manier reageert, vraag uzelf af: Heeft zelf bijgedragen aan dat misverstand? Bent uzelf oorzaak?

- Onjuiste of gebrekkige communicatie

Onjuiste of gebrekkige communicatie ligt ten grondslag

aan veel falen, foute beslissingen en kan zelfs escaleren

tot ernstige conflicten.

Het bewust manipuleren van informatie kan daar ook toe

leiden, maar daar hebben we het in dit boek niet over.

Stel u werkt bij een bouwonderneming. U heeft een paar

dagen verlof. Uw collega's die ergens met een bouwproject

bezig zijn, hebben een defecte aggregaat. Deze heeft u op uw

eerst volgende werkdag nodig. Als u het aggregaat wilt

gebruiken merkt u dat het defect is. Door drukke

werkzaamheden zijn uw collega's er niet aan toe gekomen

actie te ondernemen en u in te lichten.

Voordat u reageert vraag uzelf af:

Wat is er gebeurd?

Welke procedure hadden de collega's moeten volgen?

Hoe kunnen we voorkomen dat het in de toekomst opnieuw

plaatsvindt? Richt u op de procedure en niet op de man.

Speel de bal en niet de man. Bespreek elkaars benaderingen.

De belangen zijn wederzijds.

Kom eerst met het probleem en dan met een antwoord.

Wees duidelijk en concreet, maar vooral flexibel, u moet er samen uit komen.

Ga niet in de tegenaanval of hun positie aanvallen maar kijk verder en vraag: waarom?

- (Niet opgeloste) kwesties uit het verleden
Stel u heeft een onderneming en heeft enkele jaren geleden te maken gehad met een personeelslid dat niet stipt was en uiteindelijk een fors bedrag heeft verduisterd.

De kwestie heeft nogal wat ergernis en teteleurstelling bij u achtergelaten. Inmiddels heeft u een nieuwe jongeman aangenomen en het viel u op dat hij al een aantal keren laat terugkwam van de buitendienst. Op een dag is hij weer bij een klant aan het werk en moet ook nog een storting bij de bank voor u doen. Het is bijna sluitingstijd en de ervaring met uw eerdere werknemer speelt u parten. Er bekruipt u een gevoel van onbehagen; op het moment dat de werknemer binnenkomt krijgt hij er flink van langs. U vergeet naar de reden van zijn late binnenkomst te vragen en projecteert uw ervaring uit het verleden op de huidige situatie.

Was het niet verstandiger geweest om eerst uitleg te vragen en dan een reactie te plegen? Denk daar maar na.

Als er een kwestie is die opgelost moet worden en er moet een oplossing gevonden worden, moet men ook naar de voorkeur van de andere partij vragen. Bedenk dan een aantal oplossingen die het dichtst bij die van de andere partij komen, maar ook acceptabel zijn voor u.

Leg ze dan aan de andere partij voor. Die oplossingen moeten wel allemaal acceptabel zijn voor u.

Mocht u aangevallen worden, maak van de aanval op u een aanval op het probleem. Als er bijvoorbeeld gezegd wordt: "U heeft er geen idee van hoe hectisch het hier was tijdens uw afwezigheid." Zegt u: "Ik waardeer uw plichtsbesef, zorg en toewijding, daar gaat het niet om."

Degene die vragen stelt leidt het gesprek.

Als u vragen stelt heeft u kansen, schept u kansen om te luisteren en om meer informatie te verkrijgen.

Door te luisteren schept u vertrouwen. Vertrouwen is de basis voor een goede zakelijke- of privérelatie. Concentreer u daarbij op de feiten.

Feedback

Geeft juiste feedback in eigen woorden.

Enkele voorbeelden zijn:

"Laat ik zeker zijn van wat u zegt, daar gaat het om....."

Luister eerst wat de andere partij te zeggen heeft, denk daarover na en spreek pas dan.

In plaats van een antwoord op het antwoord van de andere partij te formuleren, kunt u zeggen:

"Dit is nu gebeurd."

"Dit gaat u of direct of op korte termijn doen."

"Dit doet u nu."

"Dit is een zorg voor u."

"Dit zijn uw plannen voor de toekomst."

"Dit is wat u wilt of zoekt."

Als er communicatieproblemen zijn, als u bijvoorbeeld geen luisterend oor vindt, of informatie u niet op tijd bereikt of in onvoldoende mate, etcetera, kunt met de volgende vraag beginnen. Kan ik even met u spreken en wilt u open in uw antwoorden zijn?

Al uw vraag met ja beantwoord wordt, reageer als volgt: "Mijn perceptie is dat ik door u of een ander niet serieus genomen word. Ik krijg niet de erkenning, of de medewerking in een aantal gevallen en daardoor voel ik me ondergewaardeerd bij u, de ander of in de organisatie."

In geval van een conflict of bemiddeling kunt u de volgende opzet hanteren. Spreek eerst met beide partijen aan de hand van het onderstaande.

- Vraag wat er aan de hand is
- Onder andere aan de hand van
wie-, wat-, waar-, wanneer-, waarom- en hoe vragen.
- Vraag of de partijen contact met elkaar hebben gezocht
- Vraag of ze contact met elkaar willen, er moet bereidheid zijn om met elkaar te praten.

275

Als een van de partijen niet wil praten stel de volgende vraag: "Wat is het nut, of het voordeel voor u om deze situatie voort te laten duren?"

Zegt een van de partijen iets verkeerds, iets wat zeker mogelijk is bij emoties, waar de nekken roder worden, kunt u de volgende vragen stellen:

- "Bedoelt u dit zo? "Als ik u goed begrijp wilt u dit zeggen?"

U heeft alleen een bemiddelende rol in deze frictie, de partijen moeten er zelf uit komen.

Sommige vragen verdienen geen antwoord.

Ik reik u vijf benaderingen aan:

- Antwoord nooit voordat u de vraag volledig hebt begrepen

- Vraag om verduidelijking

- U kunt een vraag deels beantwoorden

- U kunt een antwoord geven dat niet bij de vraag hoort.

- Sommige vragen kunt u pas beantwoorden als er meer informatie beschikbaar is.

Antwoorden die geen antwoorden zijn:

- Kunt u die vraag nog een keer herhalen?

- Ik denk niet dat het is zoals u het stelt

- Hmmmm....zo..........kan het ook

- Ik ben daar niet bekend mee

- Mij is ten ore gekomen dat.....

Een concessie die niets kost is dat u de onderhandelingspartner op het hart drukt dat u het heel graag zou willen, maar echt niet anders kan. Mocht u een concessie willen doen, bewaar uw concessie zolang als mogelijk.

Hoe langer de ander er op een concessie wacht, hoe meer hij ze zal waarderen.

Bij het aanvoeren van argumenten mag u de nodige omzichtigheid betrachten. Wees kieskeurig in het gebruik ervan. Als u te veel argumenten aanvoert kan de andere partij er één vinden waarmee hij korte metten met u maakt.

Dat wilt u toch niet?

Vraag u voortdurend af hoe en wanneer u ze zo overtuigend mogelijk in het veld kunt brengen.

Mocht u en vraag krijgen waar niet direct een antwoord op geformuleerd kan worden kunt u twee benaderingen hanteren.

- Ten eerste kunt u zeggen dat u die vraag in een later stadium wilt behandelen, daar u over meer informatie inzake de kwestie wilt beschikken.

- Ten tweede kunt u eerst pauzeren, de vraag herhalen en dan een antwoord op geven. Door een pauze in te lassen en door het herhalen van de vraag neemt u enige tijd om een afdoend antwoord te formuleren.

Als u voor (bestaande) problemen (nieuwe) oplossingen wilt kunt u vaak beginnen met:

"Hoe kunnen we?"

Een voorbeeld is:

Hoe zorgen we ervoor dat we de op reiskosten kunnen besparen?

Wie zaken nuchter en los van de eigen inzichten bekijkt, heeft een betere kans om (gespannen) situaties te ontladen en naar zijn hand te zetten.

Dus als het gesprek emotioneel dreigt te worden is het beter om het even te staken en elkaar de kans te geven tot rust te komen.

Aantekeningen

Aantekeningen

Aantekeningen

Aantekeningen

Aantekeningen

Aantekeningen

Hoofdstuk 14

Storytelling Onderhandelen

Het beeld dat veel mensen van onderhandelaars hebben is dat ze veel kletsen. Er wordt ook veel gekletst, maar het belangrijkste kenmerk van een onderhandelaar is dat hij goed kan luisteren. Dat is ca. 80% van het werk. Luisteren naar alle partijen. Gehoord worden is een behoefte die we allemaal hebben.

Waar liggen de grenzen?

Waar zijn concessies mogelijk?

Hoe krachtig spreekt de ander?

Aarzelt hij of niet?

U moet ook kunnen kijken. Kijken of iemand contact zoekt. Kijk of de ander gemakkelijk zit als hij spreekt. Met luisteren en kijken bepaalt u hoe de sfeer is. Spreekt daar vertrouwen uit, is er behoefte aan overleg, ook in de toekomst, of is de stemming aggressief in de sfeer van: Als ik jou een loer kan draaien doe ik dat.

Als iemand ooit een nederlaag heeft geleden is de kans groot dat hij alles zal proberen, soms met oneigenlijke middelen, de volgende keer als winnaar uit de bus te komen.

Luisteren en kijken zijn de levensaders die door alle fasen van het overleg lopen.

Enkele fasen

De eerste fase is de aftastfase. Het is de fase van het aftasten en luisteren naar de wensen en de verlangens van de tegenpartij.

Dan komt de fase van de voorstellen op tafel leggen en met vastberadenheid aangeven hoe nuttig, legitiem en nodig deze zijn. De onderhandelingen gaan even stroef; accepteer het als een noodzakelijk kwaad.

De derde is de fase van de echte onderhandelingen. De partijen willen tot zaken komen en gaan over en weer aftasten waar punten van overeenstemming zijn, waar concessies weinig moeite kosten en waar de echte strijdpunten zijn.

Antwoorden op de volgende vragen zijn essentieel.

Wat vindt de ander belangrijk?

Aantekeningen

_____

_____

_____

_____

_____

_____

_____

Wat vind ik belangrijk?

Aantekeningen

_____

_____

_____

_____

_____

_____

_____

Heb ik iets weg te geven wat voor de ander interessant is?

Aantekeningen

_____

_____

_____

_____

_____

_____

_____

Kan ik iets binnenhalen wat voor mij belangrijk is?

Aantekeningen

_____

_____

_____

_____

_____

_____

Waar liggen de compromissen?

Aantekeningen

_____

_____

_____

_____

_____

_____

Een signaal hier, een bijzinnetje daar, etcetera.

Zit u in een groot gezelschap dat zijn de gesprekken formeler. U spreekt elkaar aan met "U." De informele gesprekken zijn interessant. U komt elkaar tegen in een kleine commissie, of op een kleine receptie, of soms zelfs in de wc. Dan is het natuurlijk wel "jij" en "jou" en zegt u bijvoorbeeld: "Als het zo doorgaat wordt het niet veel. Vind je ook niet dat we het eens over een ander boeg zouden moeten gooien. Misschien kunnen we............."

In het in formele overleg laat je proefballonnetjes op, verken je het terrein.

Bij onderhandelingen moeten de partijen sympathie voor elkaar hebben. U heeft allebei uw (beroeps)trots; onderhandelen is een deel van uw werk en u wilt het graag goed doen. Bij het onderhandelen is respect voor de ander onontbeerlijk. U moet de ander ook laten merken dat u als persoon erbij zit. Dat is investeren in de relatie. Laat u kennen als mens. Dat vraagt moed. U weet niet of de ander u dan serieus zal nemen. Als u de indruk krijgt dat de ander een loopje met u neemt, confronteer hem daarmee. U kunt zeggen: "Wacht even, nu krijg ik de indruk dat u denkt: daar zit een softie. Dat schiet mij in het verkeerde keelgat. Als u wilt dat ik me gesloten opstel, moet u vooral zo doorgaan. U merkt dat ik dan echt pissig word. Is dat u bedoeling? Dat kan ik me niet voorstellen."

Bent u het met de ander niet eens spreek dan eerst de redenen waarom u het niet met hem eens bent en zeg dan: "Daarom ben ik het niet eens met u." Als de ander belang heeft bij een goede en open relatie met u, zal hij zich dit geen tweemaal laten vertellen.

Waar het om moet gaan is constructief kijken naar de niet-conflicterende belangen en aan de andere kant ferm, maar redelijk overleggen hoe u de koek verdeelt. Het is juist de combinatie van mildheid in de relatie en standvastigheid op het punt van belangentegenstelling die winst oplevert.

In elke onderhandeling is het de normaalste zaak van de wereld dat het een proces van geven en nemen is. Ondanks dit gegeven kan het weleens de andere kant dreigen op te gaan; of u geeft veel concessies weg of u eist en krijgt veel concessies.

Om dit in beeld te houden reik ik u drie overwegingen aan die u zeker ook kunt toepassen om de in het verleden gevoerde onderhandelingen te evalueren. Mogelijk bent u alerter met dit gegeven in de toekomstige onderhandelingen. Evalueer welke onderhandeling, welk partnerschap of welke relatie eenzijdig was of is.

Hier zijn de drie overwegingen:

- Als u degene bent die het meeste toegeeft overweeg of het toegeven waard is. Denk na over wat u van de ander kunt krijgen of gerealiseerd kunt krijgen

- Als u veel gedaan krijgt of veel concessies krijgt overweeg wat u voor de ander kunt doen

- Als de relatie niet omgezet kan worden in een win-win relatie overweeg deze omstandigheid of relatie te beëindigen. Hoe voelt dat?

Bij moeilijke onderhandelingen kunt u de spanning tot juiste proporties terugbrengen door:

- Humor

- Het veranderen van onderwerp

- Schorsing

- Door het introduceren van formele conflictverminderende procedures

Een onderhandelaar moet de instelling hebben dat er afgeweken kan worden van de standaardregels, richtlijnen of protocollen. Dit is een essentieel kenmerk van zelfvertrouwen.

Een ander voorbeeld van analyse van een kwestie is het volgende :

- Over welke kwestie(s), partij(en) wordt hier gesproken?

Aantekeningen

_____

_____

_____

_____

_____

_____

- In deze zaak wordt een beeld geschetst van..........................

Aantekeningen

_____

_____

_____

_____

_____

_____

- Deze zaak vertoont, veel weinig of geen overeenkomst met...

Aantekeningen

_____

_____

_____

_____

_____

_____

- Het maakt (g)een (onlosmakelijk) deel uit van......................

Aantekeningen

_____

_____

_____

_____

_____

_____

- Men kan zich opstraffe van...niet
onttrekken aan de............................van...............................

Aantekeningen

_____

_____

_____

_____

_____

_____

_____

- Het belang van ....(wie).........wordt belicht........(hoe)..........

Aantekeningen

- De motieven voor de.....................................zijn....................

Aantekeningen

_____

_____

_____

_____

_____

_____

_____

- Welke wegen moet men bewandelen om de kwestie adequaat op te lossen?

Aantekeningen

Ga er in elk geval niet vanuit dat het conflictmodel of het harmoniemodel zaligmakend is. Een synthese tussen deze twee modellen geeft de creatieve opstelling, die tot doel heeft: Hoe komen we hier samen op een elegante manier uit?

Aantekeningen

Aantekeningen

Aantekeningen

Aantekeningen

Aantekeningen

Aantekeningen

Aantekeningen

Hoofdstuk 15

Denken en beslissen

Snel denken en beslissen en Langzaam denken en beslissen. (3)

1. Snel denken en beslissen

Deze methode hanteert u bij beslissingen waarvan de consequenties geen ingrijpende of lange-termijn-gevolgen voor u hebben. Snel denken doet u als u met uw voertuig rijdt. U neemt snelle beslissingen, reageert en speelt in op de veranderende omstandigheden. Het kopen van een kop koffie of een brood bij de bakker zijn ook voorbeelden van snel denken. Er wordt gehandeld volgens de "graag-of-niet-methode."

2. Langzaam denken en beslissen

Dit type denken hanteert u wanneer u betrokken raakt bij een situatie (of bij het nemen van een beslissing) die lange-termijn-consequenties voor u inhoudt. U overweegt grondig wat er aan de hand is voordat u antwoordt, op een andere manier reageert of een beslissing neemt. Denk aan een investeringsbeslissing of in uw privé- sfeer de aankoop van een huis. Bij zulke voornemens stelt u de beslissing even uit. U gaat informatie vergaren, een adviseur of uw relaties benaderen om een gefundeerde beslissing te nemen. U gaat er een nachtje over slapen.

Het aannemen van een personeelslid is ook zo'n voorbeeld. Veelal wordt iemand aangenomen die prettig in de omgang is, een leuke verschijning.

Wat men wel eens over het hoofd ziet, zijn de kwaliteiten, de vaardigheden en de ervaring waar zo'n toekomstig lid van de organisatie ook over zou moeten beschikken. Heeft kandidaat alle drie, dan heeft men de perfecte match.

Als er geen beslissing genomen hoeft te worden, beslis dan geen beslissing te nemen.

Het omschakelen van snel denken naar langzaam denken bereikt u het best door:

a. Het stellen van vragen. Het stellen van vragen dwingt u om langzaam te denken; hierdoor gaat u beter denken.

b. Het opschrijven van uw gedachten en bevindingen. Door zaken op te schrijven, zeker als u feiten of details over een situatie aan het verzamelen bent, wordt u gedwongen om langzaam te denken.

Formuleer een struikeldraad bij het nemen van beslissingen.

Wees flexibel

Wees flexibel in uw denken. Heden ten dage is de snelheid van veranderingen wat uw leven het meest beinvloedt. Veranderingen zijn (soms) onvoorspelbaar. Plotselinge veranderingen kunnen de meest briljante ideeën doen wankelen.

Vraag uzelf altijd af bij wat u doet: "Werkt het?" Bereik ik de resultaten die ik wens?

Is dit de juiste actie gelet op de huidige omstandigheden? Blijf de vraag stellen: "Werkt het?" Soms is wat werkbaar is beter dan wie gelijk heeft of wat het beste lijkt. Wees flexibel, zeker als u nieuwe informatie uit maatschappelijke, technologische, juridische, economische, hoek krijgt.

Flexibiliteit hanteren

Om felixibel te blijven kunt u de volgende uitgangspunten hanteren: - "Ik zat fout".

Ontkennen, erom heen draaien, bluffen, etcetera, heeft geen zin. Zeker als uw omgeving weet dat u fout zit. U neemt uzelf alleen maar in de maling. Dus als u fout zit, geef het toe, los de frictie op en ga over tot de orde van de dag.

Wees flexibel genoeg om toe te geven als u weet dat u fout zit.Weigeren of falen fouten te erkennen verergert de problemen alleen maar.

- "Ik ben van gedachten veranderd."

Als u nieuwe informatie ontvangt die wezenlijk anders is dan waarmee u de huidige beslissingen heeft genomen, zeg dan: "Ik ben van gedachten veranderd." Wees oprecht bereid dit te zeggen. Het is niet onnatuurlijk te verklaren dat u fout zat of van gedachten bent veranderd. Het is een teken van moed, karakter en flexibiliteit zo te handelen.

Het is niet de sterkste soort die overleeft, noch de meest intelligente. Het is degene die zich het beste kan aanpassen. (4)

Aantekeningen

Aantekeningen

Aantekeningen

Aantekeningen

Aantekeningen

Hoofdstuk 16

Quick analyse van een probleem

HOE BEGON HET?

Aantekeningen

_____

_____

_____

_____

_____

_____

_____

WAT IS DE OORZAAK?

Aantekeningen

_____

_____

_____

_____

_____

_____

WAT IS DE KRITISCHE FACTOR DIE GELEID HEEFT TOT HET PROBLEEM?

Aantekeningen

_____

_____

_____

_____

_____

_____

_____

WAT HEEFT HET VERERGERD?

Aantekeningen

_____

_____

_____

_____

_____

_____

WIE ZIJN ER BIJ BETROKKEN?

Aantekeningen

_____

_____

_____

_____

_____

_____

_____

WAT ZIJN DE MOGELIJKE OPLOSSINGEN?

Aantekeningen

_____

_____

_____

_____

_____

_____

_____

WAT MOET DIRECT ONDERNOMEN WORDEN OM DE SCHADE TE BEPERKEN?

Aantekeningen

Aantekeningen

Aantekeningen

Aantekeningen

_____

_____

_____

_____

_____

_____

_____

Aantekeningen

Aantekeningen

Hoofdstuk 17

Samenvatting

Professionele en ervaren onderhandelaars volgen een aantal zeer concrete stappen om het proces van onderhandelen tot een goed eind te brengen. Sommige onderhandelaars hebben liever een minder formele aanpak, maar zelfs zij moeten enkele fundamentele stappen in acht nemen. Hierdoor onstaat er een structuur in de onderhandelingen. Dezelfde stappen worden zelfs in de meest eenvoudige onderhandelingen gevolgd.

De te volgen stappen zijn:

• Voorbereiding van de onderhandelingen

• Opening van de onderhandelingen

• Onderzoeken van alternatieven

• Bereidheid om compromissen te sluiten

• Voorlopig accoord

• Na de laatste besprekingen het eindaccoord

• Uitvoering van de overeenkomst.

Er moet vastgesteld worden hoe door beide partijen te handelen bij een geschil. Hierbij moet u denken aan het aangeven van normen voor gedrag, regels en procedures om conflicten te voorkomen c.q. op te lossen. U moet rekening houden met wijziging(en) in de scenario's en u moet voorbereid zijn om met alle eventualiteiten om te gaan.

Het hebben van een gesloten geest, niet flexibel zijn in welke fase van een onderhandeling dan ook, kan er zelfs toe leiden dat het geschil via een juridische procedure wordt opgelost, waarvan het resultaat nooit kan worden voorspeld.

Flexibiliteit (in onderhandelen) bereikt u als u :

- Op zoek gaat naar informatie

- U open staat voor informatie. Het gaat bij beide om informatie die van belang is voor het onderhandelingsresultaat.

- Aan veranderende omstandigheden het hoofd kunt bieden zonder dat de activiteiten daarna hinder ondervinden

- Constant alleen of als team de vooruitgang in het halen van de doelstellingen overweegt en evalueert

- Beseft en een duidelijk en helder beeld heeft van wat de consequenties zijn als het doel niet gehaald wordt.

Denk op papier en schrijf zaken op. Zo krijgt u een (visueel) beeld van wat u wilt. Beschrijf de ideale overeenkomst of resultaat. Denk er grondig over na. Bespreek het met een terzake deskundige, een collega, etcetera. Belangrijk is te beginnen met weten wat u precies wilt, wat uw prioriteiten zijn en wat u nodig hebt. Het verschil tussen deze geeft u een uitgangspunt voor verdere onderhandelingen. Bepaal hoeveel tijd en geld u bereid bent in de onderhandelingen te investeren, omdat dit invloed op het uiteindelijke resultaat hebben kan.

De opening van elke onderhandeling is van cruciaal belang en bepaalt de stemming in het onderhandelingsproces. Bespreek waar u gaat onderhandelen, een plek die algemeen aanvaardbaar is voor beide partijen verdient de voorkeur.

Als dit gemakkelijk gebeurt en zonder al te veel discussie, is dit een goede voorbode van hoe de onderhandelingen zullen verlopen. Maak indien nodig werkafspraken of kom een procedure van handelen overeen.

Beginnen als eerste geeft u het voordeel dat u de toon zet in de onderhandelingen, maar elke goede onderhandelaar weet dat als u als tweede begint dit u een enorm voordeel geven kan. U weet wat u wilt zeggen, maar de aanvullende informatie over wat de andere partij wil hebben, kunt u gebruiken om de opmerkingen van de andere partij (wanneer u de onderhandelingen begint) tegen te gaan.

Zodra de openingsfase is afgesloten, is het tijd dat de gedachtenwisseling (de voorstellen worden gedaan al dan niet ondersteund met krachtige argumenten) moet beginnen. Over en weer zullen er voorstellen worden gedaan en met vastberadenheid worden aangeven hoe nuttig, legitiem en nodig deze zijn.

Succesvolle onderhandelingen worden altijd in een gemoedelijke sfeer die vrij is van rancune, beschuldigingen of andere verwijten gevoerd.

Heb zowel aandacht voor uw eigen positie als voor de verschillende punten aan de orde gesteld door de andere partij. Wees als het even kan voor, doe een concessie die u gemakkelijk kunt weggeven. U laat de deur open om concessies te bedingen voor uw eigen voorstellen. Ziet u beperkingen, onnauwkeurigheden of irrelevanties in de argumenten van de ander? Vraag om uitleg, bewijzen of andere aanvullende informatie.

Hierdoor bouwt u informatievoorsprong op waarmee u de onderhandelingen kunt sturen.

Maak een lijst van overeenkomsten en punten waarover nog onderhandeld moet worden.

U hebt nu een duidelijk beeld van wat de andere partij wil, terwijl uw eigen behoeften ook zijn gemarkeerd en bekend gemaakt.

De overeengekomen punten geven iets positiefs aan en vormen de basis voor het omgaan met de verschillen.

De punten die nog (steeds) overblijven in het geschil overdenkt u en waarna u een signaal aan de andere partij kunt geven hoe u hiermee wilt en kunt omgaan. Dit is een goed signaal aan de ander om te verduidelijken dat u bereid bent om compromissen te sluiten als hij dat ook wil. Bij moeilijke onderhandelingen kunt u de spanning tot juiste proporties terugbrengen door:

- Humor

- Het veranderen van onderwerp

- Schorsing

- Door het introduceren van formele conflictverminderende procedures

- Leg altijd de nadruk op mogelijkheden om er uit te komen. Blijf praten in termen van meningen in plaats van standpunten. Zoek naar gemeenschappelijke belangen die achter uw beider standpunten liggen.

Dit is het echte begin van serieuze onderhandelingen en waarbij herbeoordeling van standpunten mogelijk moet zijn en een oprecht verlangen om verder te gaan aanwezig is. In dit stadium moet u voldoende vooruitgang en oplossingen vinden voor elk van de twistpunten.

Het vinden van items, andere zaken of concessies die u kunt uitruilen is cruciaal, zodat geen van beide partijen zich benadeeld voelt. Als u na overleg tot overeenstemming of consensus komt, zeg dan: "Zo doen we het."

Het is een proces van geven en nemen en dat is het beleid waarmee in elke onderhandeling toegewerkt wordt naar de laatste fase.

U bent nu in een positie om de onderhandelingen af te ronden, een overeenkomst af te sluiten en de over en weer gedane ideeën, voorstellen en concessies samen te vatten.

Laat nog steeds ruimte open voor eventuele last-minute wijzigingen of twijfels die moeten worden weggenomen.

Omissies (nalatigheid, slordigheid) kunnen bij de uitvoering van de overeenkomst nog altijd tot fricties leiden.

Als laatste worden de slotafspraken gemaakt en bevestigd door handen schudden en ondertekening van de documenten of contracten.

Een onderhandeling kan alleen als een echt succes worden beschouwd als ze door beide partijen wordt gedragen en men er met toewijding uitvoering aan geeft. Als er zaken of omstandigheden wijzigen, aarzel niet om die te bespreken of te onderhandelen over die delen van het contract. Voorkom dat het een twist wordt. Houd u altijd aan uw kant van de afspraak en zorg ervoor dat de overeenkomst niet aan kracht inboet.

Door een zakelijke, maar faire opstelling kunt u zich positioneren als een attractieve, zakelijke en serieuze partner voor de ander.

U kunt deze samenvatting zelf het beste aanvullen met inzichten en overwegingen die in het boek vermeld staan. Zo ontstaat er een samenvatting die voor u goed kan werken.

Aantekeningen

Aantekeningen

_____

_____

_____

_____

_____

_____

_____

Aantekeningen

Aantekeningen

Aantekeningen

_____

_____

_____

_____

_____

_____

Aantekeningen

In deze uitgave reik ik u ideeën en inzichten aan die u
(mogelijk) al kent. Ze zijn toe te passen op zowel micro-,
meso-, als macro-niveau. U kunt het toepassen in uw zakelijk
en uw privé-leven; of het om uw financiën gaat of uw
gezondheid, om maar wat te noemen. Immers, u wilt
verantwoordelijk zijn voor de kaders in uw leven.
U wilt niet overgeleverd zijn aan de beslissingen en besluiten
van anderen.

IK WENS U HEEL VEEL SUCCES TOE BIJ

DE VERWEZENLIJKING VAN UW DOELEN

Aantekeningen

Aantekeningen

Aantekeningen

Aantekeningen

Aantekeningen

Aantekeningen

Aantekeningen

Hoofdstuk 18

Voorbeeld creatieve oplossing (5)

Op een avond liep Linda Lantieri door een verlaten, gevaarlijke straat met leegstaande en dichtgetimmerde huizen, toen ze plotseling omringd werd door drie jongens van een jaar of veertien. Ze sloten haar in en één van de drie trok een mes met een lemmet van 10 centimeter. "Je portemonnee, en snel," zei de jongen met het mes. Hoewel ze bang was, had ze de tegenwoordigheid van geest om diep in en uit te ademen en te antwoorden: "Ik voel me een beetje onprettig. Weet je, jongens jullie staan te dichtbij. Zouden jullie een stap achteruit willen doen?" Lantieri keek naar de stoep en zag dat drie paar sportschoenen een stap achteruit deden. "Dank je," zei ze. Daarna ging ze verder: "Zeg nog eens wat je zojuist tegen me zei. Maar eerlijk gezegd maakt dat mes me een beetje nerveus. Zou je het misschien op willen bergen." Na een eeuw van aarzelend zwijgen verdween het mes in een jaszak.

Lantieri greep snel in haar tas, haalde een biljet van 20 dollar tevoorschijn, keek de jongen die haar met het mes bedreigd had aan en zei: "Aan wie moet ik het geven?" "Aan mij," zei hij. Toen keek ze naar de twee anderen en vroeg of die het er mee eens waren, Één van de twee knikte. "Goed," zei ze terwijl ze de twintig dollar aan de leider gaf. "En dan doen we nu het volgende: Ik blijf hier staan terwijl jullie ophoepelen." De jongens liepen langzaam weg, met een blik van onbegrip op hun gezicht. Ze keken achterom naar Lantieri en zetten het op een lopen. ZIJ SLOEGEN OP DE VLUCHT VOOR HAAR.

U ziet dat de omkering van de rollen misschien een groter wonder lijkt dan het is. Dit is een krachtig voorbeeld van op een vriendschappelijke (alternatieve) manier van omgaan met conflicten.

Aan de hand van het bovenstaande voorbeeld is het aan te bevelen om na elke onderlandeling enkele zinvolle vragen te beantwoorden. Hoe heeft u de onderhandelingen ervaren?

Aantekeningen

_____

_____

_____

_____

_____

_____

Wat heeft het opgeleverd?

Aantekeningen

_____

_____

_____

_____

_____

_____

Wat waren de moeilijke momenten?

Aantekeningen

_____

_____

_____

_____

_____

_____

Hoe vind u dat u zelf uit de verf kwam?

Aantekeningen

_____

_____

_____

_____

_____

_____

Heeft de delegatieleider (voorzover aanwezig) het goed aangepakt?

Aantekeningen

_____

_____

_____

_____

_____

_____

Wat pakken we anders aan in het vervolg?

Aantekeningen

_____

_____

_____

_____

_____

_____

Model

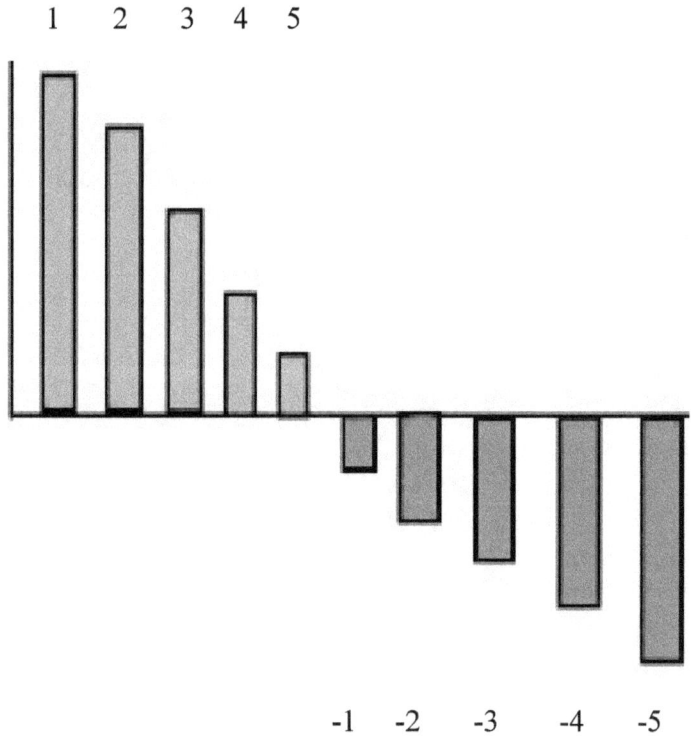

Model

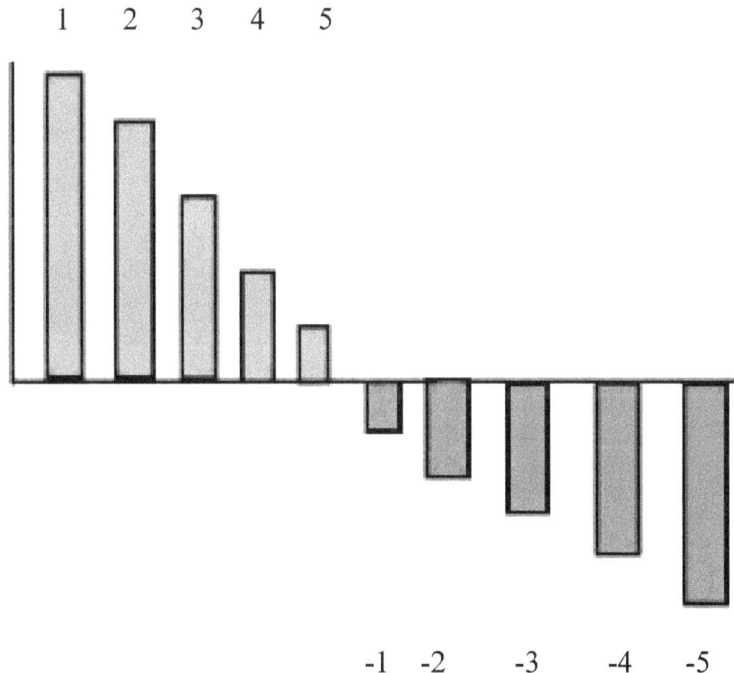

Tot slot

Waarom slaagt de ene onderhandelaar wel en de andere niet? Waarom gaat de ene organisatie ten onder en floreren andere wel? Antwoord: Omdat er onderhandelaars zijn die anders onderhandelen. Ze weten alleen hoe ze moeten handelen als het hun goed gaat, waar de voordelen, concessies of winsten wel vanzelf komen. Zodra een veranderende toestand een andere benadering vereist, weten ze niet in te grijpen of er mee om te gaan en betalen anderen de prijs. Het is maar dat u het weet.

Hiermede sluit ik mijn boek

Houd u de deur op een kier?

Niets uit deze uitgave mag verveelvoudigd en/of openbaar gemaakt worden door middel van druk, fotokopie, microfilm, internet of op welke wijze dan ook, zonder schriftelijke toestemming van de schrijver

1. http://www.woorden-boek.nl/woord/efficiency

2. https://citaten.net/zoeken/citaten_van-charles_darwin.html Charles Darwin Engels medicus en bioloog Leefde van: 1809-1882 Categorie: Wetenschappers

3. http://www.blikopdewereld.nl/recensies/3933-recensie-ons-feilbare-denken-daniel-kahneman Titel: Ons feilbare denken 2011 Auteur: Daniel Kahneman

4. https://citaten.net/zoeken/citaten_van-charles_darwin.html Charles Darwin Engels medicus en bioloog Leefde van: 1809-1882 Categorie: Wetenschappers

5. Titel: Emotionele intelligentie & Emotionele intelligentie in de praktijk 1996 Auteur: Daniel Coleman

www.ingramcontent.com/pod-product-compliance
Lightning Source LLC
Chambersburg PA
CBHW070221190526
45169CB00001B/36